JN273380

石松竹雄・土屋公献・伊佐千尋 編著

# えん罪を生む裁判員制度

## 陪審裁判の復活に向けて

現代人文社

# えん罪を生む裁判員制度

陪審裁判の復活に向けて

# はじめに

本書は、陪審制度の復活推進を希求する弁護士らによって作られたものであり、誤判によるえん罪を無くすという本来の刑事訴訟制度にとり裁判員制度は極めて危険であって、えん罪を作り出す方向へと逆行するということを人々に訴える内容のものである。

日本弁護士連合会（日弁連）の司法制度に関する公式見解は戦前戦後を通じ一貫して、法曹一元（裁判官はすべて弁護士の一定年数経験者から選ぶ）と陪審制度とを車の両輪として唱えたものであり、それは今世紀に入るまで変らなかった。

それが「司法改革」の名のもとに設けられた司法制度改革審議会（一九九九年〜二〇〇一年）によって、瞬く間に変容させられ、当初は反対していた最高裁判所まで捲き込んで裁判員制度が立法化されてしまった。「国民の司法参加」とか、「陪審制実現への一里塚」とかの美名を用いながら、それは陪審制度とは似ても似つかない危険な制度なのである。そして法曹一元の方も、一九六四年の臨時司法制度審議会で一蹴されて以来、遅々として進まない。

＊

もし「司法改革」が正しい路線で進むのだとすれば、それは現在の救い難い危機にある刑事訴訟制度とその運用状況を一つ一つ改革して、この世からえん罪を追放する方向に進めるべきである。即ち、検察官が権力を行使して収集した証拠の開示を自ら拒み得る現状、つまり被告人に有利な証拠の隠匿を許す現状、代用監獄（警察の留置場）という密室の中で行われる自白強要、その自白に基づく検事調書の証拠能力の認容、事実を争う被告人に保釈を認めず長期勾留を続ける「人質司法」、証拠と事実認定との結びつきの説明を要しない判決書、無実を主張することを反省の不足として量刑を重くする実状等々弊害は枚挙に遑《いとま》がない。この現状を改善することこそ司法改革の第一歩であり、当初はその方向に進めようとの日弁連の努力も見られた。即ち、代用監獄の廃止、取調べへの弁護人の立会い、取調状況の録音又はビデオの開示、自白調書の証拠能力の否定即ち自白法則の徹底、検察官手持証拠全部開示、権利保釈の徹底（人質司法の廃止）、判決理由の明確化等々であるが、どれ一つ実現しないまま、裁判員制度に逃げ込み、裁判員の負担を軽減するためと称する審理促進方策としての公判前又は期間中の公判外での整理手続を創設し、その部分を先行させて既に刑事訴訟法改悪を行った。これによって裁判官の予断排除の原則は廃され、弁護権が抑圧されるに至った。

しかも、裁判員に事実認定の場面のみならず量刑にも参加させるということの危険は極まりない。

何年も前のことであるが、ある著名な検察官と酒を酌み交わした際、検察官の役割は「被害者の代理人」だという本音を洩らされた。被害者から見れば犯人（とされた被告人）は憎いので報復感情が先に立つ。それを代弁するのが検察官だとすれば、公益の代表者とされる検察官の本来の使命が失われてしまう。

被害者側の仇討を禁ずる代りに国がこれを代行するという粗末な考え方が罷《まか》り通る現状は歎かわしい。被害者（遺族）の悲しみと怒りは、国による物心両面にわたる手厚いケアによってこそ癒されるのであって、これが全く不足している現状のもとで、「加害者の人権より被害者の人権」のスローガンで刑事訴訟への被害者側の参加を認めようとする動きがあるが、そうなれば裁判員らの量刑意見は忽ち重い方へ傾くであろう。それればかりでなく事実認定そのものまで左右しかねない。

＊

前述のように、本来の刑事裁判は、人権尊重とえん罪防止を旨とすべきものであるから、「無罪の推定」「疑わしきは被告人の利益に」という原則が貫かれなければならない。即ち、合理的疑いを容れない程に「黒」であるという確信に漕ぎつけない限り「白」なのである。裁判官と裁判員に有罪の確信を抱かせるための立証の責任を負うのは訴追側の検察官なのであるから、裁く側から見れば検察官の立証に少しでも怪しさや穴が無いかを鵜の目、鷹の目で調べなければならないのであり、裁かれる相手は被告人ではなく検察官なのである。

ところが、本書の内容に見られるとおり、裁判官と検察官は「判検交流」の現状のもとで、ほとんど同根であり、官僚同士の意識的、無意識的同調を避け難いと思われる。これは、戦前に比べても無罪率の極端な低下が認められることからも推測し得るし、再審による四大えん罪発見もこれを物語っている。そしてプロである裁判官との合議においては、裁判員の大部分が裁判官の説得に服し易いことは目に見えている。裁判官不在の席での陪審員の全員一致評決と異なり、裁判官を交えた多数決では、とかく有罪認定に傾き易くなるのも予想できる。官僚裁判の弊を避けるどころか、裁判員が却って官僚裁判をたすける「隠れ蓑」になる危険を免れないのである。

世にえん罪ほど恐ろしい不正義はない。これは官憲による犯罪である。真の犯人が逃れ、無実の者が重い刑罰とくに死刑に処せられることは、絶対に避けなければならない。警察の見込み、思い込みによる初動捜査の誤りがこれを導くのであり、時には警察や検察の威信を保とうとして、ミスに気付きながらあくまで一旦捕えた被疑者を犯人に仕立てるという故意犯さえあり得るのである。

陪審制度についてもいろいろな意見があろうが、伝聞法則と証拠禁止法則の徹底がこれによって十分に期待できるかぎり、えん罪防止の決め手となり、歎かわしい刑事訴訟制度の抜本的改善のためにも、この制度の復活実現が急務であると考える。

裁判員はえん罪生産の援軍とさえ評し得る。

二〇〇七年七月

土屋　公献　元日本弁護士連合会会長

目次

# 第4部 裁判員法を徹底検証する

## 第2章 裁判員制度の中身をしっかり見よう 164

## 第5部

特別寄稿

# 陪審裁判の復活のために 佐伯千仭



コラム／裁判ステップアップ知識

# 第1部

# なぜ、裁判員裁判はえん罪を生むのか

裁判員裁判がえん罪を生むかどうか、えん罪を生むとすれば、それはなぜか、という問題に答えるためには、裁判員裁判や公判前整理手続の内容を明らかにするとともに、現在の刑事裁判がえん罪をつくっているのかどうか、裁判員裁判の実施によってそれがどう変わるか、ということを検討しなければならない。

そこで、まず、現在の刑事裁判の問題から取り上げることにするが、その前に、えん罪という言葉について簡単に触れておこう。えん罪は、漢字で冤罪と書く。ワ冠の下に兔《ウサギ》を書いてある。免許証の免ではない。兔が網の中で身をかがめているさまを現しているところから、「かがむ」「ぬれぎぬ」という意味に使われ、冤罪は、罪を犯していないのに、罪があるように疑われたり、罰を受けたりすることをいう。一般市民には見慣れない言葉かもしれないが、無実でありながら、犯罪の嫌疑を受けたり、刑罰に処せられたりすることを言い表す簡単な言葉が他に見当たらないので、この言葉を使うことにした。

もっとも、神ならぬ人間社会のことなので、無実とはどういうことかということになると、少々問題が複雑になってくるが、ここではその問題に入らずに、先に進むことにする。

# 第1章 刑事裁判は、なんのためにあるのか

## ① 刑事裁判の目的――治安の維持か無罪の発見か

刑事裁判は、なんのためにあるのか、という点について、しばしば刑事裁判の目的は、治安の維持=社会の安全か、無罪の発見か、という形で問題が提起される。無罪の発見が目的だという立場では、当然決まったように「一〇人の有罪者を逃がしても、一人の無罪者を罰してはならない」というイギリスの古い格言が掲げられるが（周防正行監督の映画『それでもボクはやってない』の冒頭にも、「十人の真犯人を逃すとも　一人の無辜《むこ》を罰するなかれ」という同じ意味の言葉が掲げられている）、一方世間では、治安の維持のためには、犯罪者は必ず捕まえて処罰すべきであるという考えも大変強いようである。

この二つの立場、すなわち、有罪者は必ず罰するという考えと、無実の者を絶対に罰しないという考えとは、どちらも正しいが、現実の社会では絶対に両立しない。それでは、これをどう解決したらよいのだろうか。

犯罪者を捕まえて刑罰を科し、その執行をするという一連の刑事手続の中で、ある段階では、またある機関にとっては、えん罪をつくらないということが絶対の要請になるが、ある段階では、ま

たある機関にとっては、治安の維持・有罪者必罰ということも一つの要請とならざるを得ない。しかし、刑事手続全体を通じる基本的な思想は、えん罪をつくってはならない（無罪の発見）ということである。なぜ有罪者を逃がしても、えん罪をつくってはならないのか。それは、広い意味の政治思想の問題であり、人類の刑罰思想における到達点である。

## ２ 刑事裁判のしくみ

犯罪がある、あるいはあるらしいということを警察官や検察官（この両者を捜査官ということがある）が探知すると、これらの捜査官は、証拠を収集し犯人を特定して検挙し、被疑者・参考人（被害者、目撃者その他関係者）の取調べをする。そして、被疑者について、特定の犯罪行為を行ったかどうかの判断を、裁判所に対して求める（これを、公訴の提起あるいは起訴という。訴追というのも同じ意味である）ことができるだけの犯罪の嫌疑があるかどうかを調査する。これが捜査である。その手段としては、強制力を用いない「任意の処分」、例えば、聞き込み、参考人の取調べなどは、必要な限り、そして相手が応じてくれる限り、自由に行うことができるが、捜索・差押・検証・鑑定などの物的強制処分や逮捕・勾留などの人の身体を拘束する人的強制処分は、裁判官が発付（許可）した令状なしには行うことができない。

捜査の結果、検察官が犯罪の嫌疑があり、起訴することが相当であると認めるときは、公訴を提起する。捜査については、警察官も検察官も権限を持っており、両者の関係は基本的に協力関係である。ただ、現実の人的・物的設備において、警察が圧倒的優位に立っているので、実際の捜査は大半が警察官によって行われる。これに対して、公訴の提起は、検察官の専権に属し、かつ、検察官は、起訴するか否かの広い裁量権を持っているのである。

捜査の過程で、逮捕状・勾留状などの令状の発付・不発付という形で裁判官による裁判が行われるが、全体的にみれば、捜査は、刑事裁判の前段階であって、刑事裁判そのものではない。

犯罪の嫌疑があるとして検察官によって起訴された者（これを被告人という）に対して、裁判所が、原則として、検察官と被告人・弁護人（原則として、弁護士に限られる）の出席する公開の法廷（公判廷ともいう）で審理をして、有罪か無罪かの判断をし、無罪ならば無罪の判決をし、有罪ならば刑の言渡しの判決をする、この公判廷で行われる審理と判決が典型的な刑事裁判である。この一審の裁判に対して不服を申し立てると、控訴審・上告審の裁判が行われる。

判決に対して、通常の上訴、すなわち控訴・上告によって争うことができなくなった状態を判決（裁判）の確定という。それから、刑の執行の段階に移る。刑の執行は、「犯人の更生と社会復帰」という裁判とは別の理念によって支配されるが、本書では、原則として、刑の執行の問題は取り上げない。

以上、刑事裁判という言葉の意味を大きく3つの部分に分けて考えてみた。とくに捜査と公判は、これから、刑事裁判はなんのためにあるのか——治安の維持か無罪の発見か、という問題を考えるうえで、重要なポイントになるのである。

## ③ 治安の維持か無罪の発見か——捜査では

まず、刑事裁判の前段階である捜査段階では、犯罪者は一人残らず検挙して治安の維持に貢献するという任務が捜査官に与えられる。捜査の段階から、一人のえん罪者も出すなという精神だけで捜査をやったのでは、国民の納得は到底得られない。ところが、例えば、被疑者が逮捕、勾留されたが、取調べに対して否認している場合、捜査官はそれでも被疑者は犯人に違いないと思っていることが多いであろうから、勢い有罪の証拠を収集し、被疑者に対しては、自白を追及するということになりがちである。しかし、捜査官といっても、国家の権力機関として行動しているのであって、その権力行使は万民に対して公正でなければならない。ということは、被疑者の主張にも耳を傾け、被疑者はその主張するように無実ではないのか、という視点からも検討しなければならないはずである。特に検察官は、公訴権を独占しているのであって、一段と公正な姿勢が要求される。

要するに、警察官も検察官も犯罪者を検挙してその処罰を求めることを職責としているので、有罪必罰・治安維持の要請に強く動かされるのはやむを得ないところであろう。しかし、反面、えん罪者をつくってはならないという制約をも絶えず背負っているべきものである。捜査とは、そのように矛盾に満ちたものなのである。

## ④ 治安の維持か無罪の発見か——公判では

つぎに、本来の刑事裁判である公判段階はどうだろうか。ここで注意しなければならないのは、公判段階は、また二つの段階に分かれることである。すなわち、起訴されている犯罪事実が事実として存在し被告人が有罪であるかどうかを決定する段階と、有罪と決定された被告人に対しどういう種類と量の刑（例えば懲役何年、罰金何万円）を科したらよいかを決める段階との二つである。便宜上、前者を罪体（ざいたい）立証の段階＝事実認定の段階、後者を量刑審理の段階ということとする。

罪体立証の段階では、検察官は、起訴されている犯罪事実が存在し被告人が有罪であることを主張立証し、被告人・弁護人は、被告人が起訴された犯罪事実の存在を否定している場合、犯罪事実の不存在を主張し、それに沿う立証をする。これに対して、裁判所は勿論、中立的立場に立って判断（最終的には判決）を示すわけであるが、その際には、いうまでもなく一人の無罪者をも罰してはならないという要請が働く。証拠法上の原則で言えば、「疑わしきは被告人の利益に」の原則であり、犯罪事実のすべての要件について検察官に立証責任があることを意味する。この原則は絶対的であり、治安の維持その他の政策的考慮は一切許されない。天下の耳目を衝動させた重大事件であるから、少し疑問もあるが有罪にしておこう、とか、格別重大な事件ではないから、疑いを残したまま有罪にし、量刑に際し刑の執行猶予にしておこう、というような措置は、一切許されない。

これに対し、量刑審理の段階では、少し様子が異なる。量刑とは、有罪とされた犯罪について法律によって決められている刑（例えば、一〇年以下の懲役又は五〇万円以下の罰金というように、刑の種類と幅によって決められている）、すなわち法定刑の範囲内で、実際に被告人をどれだけの刑に処するかを決める作業である。ちなみに、わが国の刑法は、各犯罪についての法定刑の幅が非常に広いことに特徴があるが、それだけに、量刑の作業が大変重要な意味をもっているのである。

量刑は、被告人が犯した犯罪について負うべき責任の量によって決めるのが基本であるが、更に一般予防（聴き慣れない言葉かもしれないが、被告人に対して言渡す刑が社会にどのような影響を及ぼすか、ということである。治安の維持もこの中に入るであろう）・特別予防（その被告人の教育更生にどのように役立つかということである）というような政策的考慮も加えられる。

というわけで、治安の維持か無罪の発見かという問に対する解答は、刑事裁判の罪体立証の段階では、「疑わしきは被告人の利益に」の原則の貫徹、すなわち無罪の発見が絶対的な要請であり、治安の維持といった政策的考慮は一切許されないということである。これに対し、捜査の段階は勿論、刑事裁判でも量刑審理の段階では、治安の維持も又考慮すべき一つの要素にはなるのである。

こう言えば、極めて簡明のように聞こえるが、実際の裁判ではこの簡明な原則が貫徹されず、えん罪の発生の契機となることが必ずしも珍しくないのである。この問題は、第2部で検討しよう。

## ⑤ 罪体立証と量刑審理が明確に分かれていない

ここで述べておきたいことは、罪体立証の段階と量刑審理の段階とは、理論的には明確に分けることができるが、現在の刑事訴訟法は、両段階を明確に分けて規定しておらず、実務の運用上でも分けられていないということである。第二次世界大戦前に施行されていた刑事訴訟法では、起訴と同時に一件記録が証拠物とともに検察官から裁判所に提出され、裁判所は、これらの記録・証拠物を資料とし、公判廷において、被告人尋問や証人尋問その他の証拠調べを行い、その結果に基づいて、犯罪事実の存否と量刑の判断をするという仕組みになっていた。このように裁判所が予め一件記録と証拠物を見ていて自ら証拠調べを行う制度（これを職権主義という）のもとでは、罪体立証の段階と量刑審理の段階を分けないのが通常である。もっとも、陪審制度を採用すれば、両段階を分けざるを得ないし、かつてわが国でも、陪審法（本書二九頁コラム）のもとでは、両段階を完全に分けた陪審裁判が行われていたのである。

これに対して、現行刑事訴訟法は、第二次世界大戦後、徹底した当事者主義を採るアメリカ法を母法として生まれた。したがって、起訴状一本主義・予断排除原則が掲げられ、裁判所は、白紙の状態で公判に臨み、検察官及び被告人・弁護人双方の主張・立証を聞いたうえ、公平な第三者として判断をする、ということになった。しかし、罪体立証段階と量刑審理の段階とを手続上明確に区別する規定は設けられなかった。そのような規定がなくとも、起訴状一本主義・予断排除原則を徹底するために、この二つの段階を明確に区別すること、すなわち、手続二分もある程度実現可能であるが、実務においても手続二分の運用は実現していない。手続二分が実現していないためいろいろな問題が生じているが、現実の問題として手続二分を実現するには、陪審制度を復活する以外に手段はないといってよい。

## ⑥ 刑事裁判の原則はなんのためにあるのか

だんだん面倒な話になってくるが、もう少しがまんしていただきたい。刑事裁判には、いくつかの重要な原則がある。

例えば、予断排除の原則、黙秘権、無罪推定、疑わしきは罰せず、合理的疑いを超える証明などである。

まず、言葉の意味を説明することにするが、その前に、裁判所という言葉について説明しておきたい。裁判所というと一般市民の方は、裁判所という看板のかかっている建物か、せいぜい官庁としての裁判所を思い浮かべるのではないだろうか。しかし、刑事訴訟法で裁判所というのは、裁判をする機関、すなわち裁判体のことである。地方裁判所では、三人の裁判官で構成する合議体と一人の裁判官で構成する単独体が刑事訴訟法上の裁判所なのである。裁判所というと場所か物を指すようだが、刑事訴訟法上の裁判所は、そうではなくて生身の人間なのである。

予断排除の原則は、予断防止の原則ともいわれる。憲法三七条一項は、すべての刑事事件において、被告人に公平な裁判所の裁判を受ける権利を保障している。これを受けて、刑事訴訟法は、公判審理にあたる裁判官が、適法な証拠調べによらずに事件について予断を抱かないようにいろいろな手段を設けた。それが予断排除の原則である。その手段の最も典型的なものが起訴状一本主義に他ならない。裁判所は、公判開廷前には起訴状以外は何も見ず、白紙の状態で公判審理に臨むという方式をいうのである。その他にも予断排除のための種々の手段があるが、その原則が完全に実現されているわけではない。職業裁判官は、適法な証拠調べに基づく心証の形成（あまり一般的な用語ではないが、事実認定のために一定の資料から、認識・判断を形成することをいう）と、適法な証拠でないものに基づく、許されない心証形成とを厳密に区別することができるから、予断排除のための手段に少々不完全な点があっても構わぬというのであるが、そこに問題がある。そして、今回新設された公判前整理手続においては、予断排除の原則が無視されてしまっているが、それらの点については後に詳述する（第2部第2章）。

黙秘権については、一般市民の方にも耳慣れた言葉だと思われる。憲法三八条一項は、何人も、自己に不利益な供述を強要されない、と規定し、刑事訴訟法三一一条一項が、被告人は、終始沈黙し、又は個々の質問に対し、供述を拒むことができる、と規定しているのがそれである。両者は少し文言が異なるが、憲法も刑事訴訟法も同じ内容の黙秘権、包括して黙秘する権利を保障していると解されている。黙秘権は、被告人・被疑者の供述の自由を確保し、えん罪を防止するための重要な権利であるが、その行使と捜査官の取調をめぐって多くの問題が起こっている。

無罪の推定というのは、起訴された犯罪事実の存在することが、合理的疑いを超える程度に証明されない限り、被告人は無罪とされなければならない、ということである。世界人権宣言一一条一項に「犯罪の訴追を受けた者は、すべて、自己の弁護に必要なすべての保障を与えられた公開の裁判において法律に従って有罪の立証があるまでは、無罪と推定される権利を有する」と書かれているのも同じことを言っているのであろう。言葉を変えれば、起訴された犯罪事実については、すべて訴追側が立証責任を負う、ということである。

「疑わしきは罰せず」「疑わしきは被告人の利益に」というのは、起訴された犯罪事実が存否不明の場合は、それが存在しないと認定され、被告人は無罪判決を受ける権利があるということである。これもまた、起訴された犯罪事実については、訴追側がすべて立証責任を負うということにほかならない。

「合理的な疑いを超える証明」というのは、有罪判決の基礎となる事実はどの程度に証明されなければならないか、という水準を表す法律の専門用語である。その意味は、絶対的な真実であるという証明（そもそもそんな証明は不可能である）までは必要ないが、通常人であれば誰でも疑問を抱こうとしない程度に高度の蓋然性が要求されるということである。民事事件では、ある事実についての証拠の証明力が相手方のそれよりも優越しておれば（証拠の優越）、その事実を認定してもよいとされているのに対し、刑事事件における有罪判決の基礎となる事実については、このように高度の確実さが要求されているのが重要である。

これらの原則は、すべて被告人の権利を保障するものである。予断排除の原則は、公平な裁判所の公開裁判を受ける被告人の権利の一環であるし、その他の上記原則は、起訴された犯罪事実について、その立証責任をすべて検察官に負わせ、有罪のための証明の程度を非常に高度のものにするのであって、勿論被告人の権利を保障するものにほかならない。

その他にも、刑事訴訟法では、伝聞証拠（被告人側の反対尋問を受けていない供述証拠〔捜査官が作成した供述調書がその典型的なものである〕）は、被告人の同意がない限り、原則として証拠にならないという原則がある。また、自白法則、すなわち、任意にしたものでない疑いのある被告人の自白は、証拠とすることができない、という原則も重要である。しかも、これらは、いずれも憲法の規定によって保障されている被告人のための権利なのである（憲法三八条）。

## ⑦ 被告人の権利保障は、なぜ厚いのか

刑事裁判の起源が復讐にあることは間違いないと思われる。他人によって危害を加えられた者、またはその遺族が加害者を見つけ、復讐を企て実行すること、言い換えれば敵討《かたき》ちは、おおまかに言って、人類の歴史とともに存在したのであろう。しかし、敵討ちは、暴に報いるに暴をもってすることであり、連鎖的に暴力行為を引き起こしかねない。それは、人類が集団生活を営む以上耐え難い事態である。そこで、集団に一定の権力機構ができあがるに伴って、構成員の勝手な復讐を禁止し、それに代わって集団の権力機構が加害者を処罰するようになり、やがて国家の成立とともに、公の刑罰制度が確立したといわれている。いわゆる「復讐より刑罰へ」といわれる現象である。

このようにして、他人の行為により権利を侵害された者は、実力を用いて復讐することを一切禁止された。その代わりに、国家は、人の生命・身体・自由・財産等を侵害する行為、社会生活や経済生活の秩序を乱す行為などの反道徳的行為のうち、国家の公益的立場から放置できない重大なものを法律によって禁止し（不法行為）、そのうちで特に重大なものを犯罪とし、犯罪者に対しては、国家権力の力で最も重い制裁である刑罰を科することになったのである。ただ、犯罪者に対する処罰は、公共の立場から行うものであって、犯罪による被害の回復を直接の目的とするものでもないし、被害者の復讐心の満足だけを目的とするものでもない。したがって、国家の刑罰権の行使だけによって、犯罪被害の回復その他被害者の救済が十分にできるわけではないことはいうまでもない。国家が刑事裁判以外の手段によって被害者の支援を行うことは必要であろうが、被害の回復の

ための法的手段としては、被害者は、最終的には不法行為等を理由として、裁判所に民事訴訟を提起して、加害者から損害賠償を取る以外に方法はない。

国家とは何か、ということについてはいろいろの考えがあるが、ここでそのようなことに踏み込むつもりはない。ただ、現代の国家が理性的な存在であり、人道主義の精神から外れてはならないことには、異論は全くないであろう。だとすると、生命の剥奪まで認められている刑罰がいたずらに苛酷なものであってはならず、また、刑罰を科する手続は、何よりも慎重で適正であり、間違っても無実の者を処罰するようなものであってはならないのは言うまでもないことである。刑罰がいたずらに苛酷にならないようにするためには、罪刑法定主義によって犯罪と刑罰の均衡が図られている（この点には詳しくは触れないこととする）が、刑罰を科する手続の適正のためには、前述したような被告人の権利を保障する諸原則が定められているのである。

## ⑧ 被害者の保護はどうなっているのか

このように適正な手続が要請され、被告人の権利が保障されていることの基本にある考え方は、国家の行為によって一人のえん罪者をも出してはならないということである。前述したように、「十人の有罪者を逃がしても、一人の無罪者を罰してはならない」というのは、イギリスの有名な格言であるが、刑事裁判のあり方を的確に表現しているといってよい。無実の者を処罰してはならぬということが刑事裁判における最高の規範なのである。被告人が犯人であるという嫌疑は大変強いが、今ひとつ有罪であるという確信（合理的疑いを超えること）を持てない場合、裁判の衝に当たる者は、良心的であればあるほど、もし無罪釈放した被告人が真犯人であったら、被害者に対しては勿論、社会に測り難い損失を与えることを慮って苦悩するであろう。しかし、刑事裁判では、有罪の確信が持てない限り、いろいろな政策的配慮を捨てて無罪の判決をしなければならないのである。そのような刑事裁判をバックアップするために、刑事裁判の手続の適正を確保し、被告人の権利を保障するための諸原則が確立されているのである。

このようにいうと、そんなことでは多くの有罪者を無罪放免し、虎を野に放つことになって、治安の維持は望めないし、被害者またはその遺族は踏んだり蹴ったりではないか、と思われる市民は少なくないのではないか。更に、大きな声では言えないが、有罪者を確実に処罰するためには、一人や二人のえん罪者が出ても、それは市民社会の安全を維持するためのやむを得ない必要悪であり、そもそもえん罪者といっても強い嫌疑があり、善良な市民ではないのではないか、というようなことを考えている人もなくはないのではないだろうか。

しかし、無実の者を処罰するということは、国家がその強大な権力を使って、理由のない殺人罪（死刑）や監禁罪（懲役刑）を犯すことであって、これ以上治安を乱す行為はないといってよいであろう。たしかに、有罪者が裁判の結果無罪放免となるということは、治安の維持上有害なことである。しかし、治安の維持という視点からみれば、刑事裁判の結果より、犯人検挙の確実なことのほうが遥かに重要である。そして、そもそも一国の治安維持は、基本的に国民の道徳観念や住民の慣習・自己規律等の社会的規範や企業道徳などの治安維持機能に依存しているのである。このような治安維持機能が低下したのを補おうとして、嫌疑だけで重罰を科するようなことをしても、その効果は一時的なもので、長い目でみれば、かえって治安を悪化させることになることは歴史の示すとおりである。

たしかに、犯罪被害者ないしその遺族の被害回復は重要な問題である。しかし、刑罰権は、国家公共の立場から行使されるべきものであって、もっぱら被害者やその遺族の意思に従って行使されるべきものではない。特に、刑事裁判における罪体立証の段階では、被害者は、犯罪の立証に必要な事実について、証人として、自己の認識記憶している事実を述べることができるだけであって、自己の意見や感情を述べることは許されるべきではない。裁判所は、ただ量刑審理の段階において、犯行後示談の成立している事情や被害者ないしその遺族の感情なども量刑の一資料として参照することができるにとどまるのである。被害者やその遺族がそれ以上に、完全な被害回復を望もうとすれば、前述したように、自分で訴えを提起して損害賠償を求めねばならないのである。

それ以上の被害者救済を実現するためには、現在多数存在する犯人不（未）検挙の犯罪被害者とともに、国家による救済制度をつくる以外に方策はない。被害者救済のために被告人の権利を削減するなど全く筋違いのことなのである。

この点、最近、法案が国会に提出された「刑事裁判への被害者参加制度」（詳しくは、本書一三〇頁コラム）の制度は、被告人の権利を制約するものとして、問題があるといわざるを得ない。

以上、「刑事裁判は、なんのためにあるか」ということについて、少々長ったらしい説明をした。これは、日ごろ刑事裁判に馴染みのない方にも、刑事裁判の基本的な事柄について正確な知識を持っていただきたいという思いからにほかならない。その結果、明らかになったのは、刑事裁判には、起訴されている事実（訴因）について有罪・無罪を決定する罪体立証の段階と有罪とされた犯罪事実に対する刑罰の種類と量を決定する量刑審理の段階があること、罪体立証の段階では、えん罪をつくらないというのが絶対的な目的となり、政策的な配慮は許されないこと、これに対して、量刑審理は、基本的には、法定刑の範囲内で、犯人の責任の量に応じた刑を科するのであるが、いろいろな政策的考慮を含めた諸般の事情が考慮されること、ということであった。ということは、刑事裁判において、第一に重要なことは、有罪・無罪の決定において、えん罪者を一人も出さないということである。

では、そういう視点から見て、現在の刑事裁判は、えん罪を生まず、うまくいっていると言えるであろうか。

その他、以下のような重大な欠点をもっていた。

❶陪審員が「有罪」か「無罪」かの答申をするのではなくて、裁判官からの「主問」（公判に付された犯罪事実の有無を問うもの）、「補問」（公判に付されたものと異なる犯罪事実の有無を問うもの）、「その他の問」（犯罪の成立を阻却する原由となる事実の有無に関するもの）に陪審員が「然り」又は「然らず」などの回答をする方式によっていたこと（79条。前者は一般評決・general verdictと言い、後者は個別評決・special verdictと言う）。

❷評決は過半数主義で、12人の陪審員の内の7人が有罪に賛成すると有罪に、それに達しないと無罪となっていたこと（91条。因みに米国などでは、全員一致に達しないと評議不能・hung juryとなり、審理無効・mistrialとなる）。

❸裁判官は、陪審の答申が不当であると認める時は、一種の拒否権を有していて、「陪審の更新」（陪審員の入替）をすることができたこと（95条。陪審の更新は理論的には何度でもできることになっていたが、実際は2回が限度であった）。

❹陪審裁判に対する控訴ができず、量刑の不当を含めて上訴審で争えなかったこと。

このように被告人にとって有利とはいえないさまざまな制約があった。このため、太平洋戦争末期には利用する件数が極端に減った。1943年4月の「陪審法ノ停止ニ関スル法律」（停止法）によって一時停止された。

## ✢いまだ復活していない

停止法2条は「陪審法ハ大東亜戦争終了後再施行スルモノトシ其ノ期日ハ各条ニ付勅令ヲ以テ之ヲ定ム」と規定されていた。

その後政府は実際に復活させるために、傍線部分を敗戦後の1946年になって「今次ノ戦争終了後」と改めたり、憲法と同じ頃に公布された「裁判所法」に「刑事について、別に法律で陪審の制度を設けることを妨げない」（3条3項）という特別規定を設けたりした。しかし、今日に至るも陪審法は復活・改良されていない。なお、詳しくは、佐伯千仭先生の特別寄稿「陪審裁判の復活のために」（本書201収録）を参照。

裁判ステップアップ知識

# 日本にも陪審裁判があった

## 15年間行われた

日本にも陪審法があり、施行されていた。陪審法が制定されたのは、1923年4月で、施行されたのは、1928年からだった。1943年4月1日の「陪審法ノ停止ニ関スル法律」によって，太平洋戦争末期の混乱を理由に戦時中のみ停止されるまで、15年間行われた。対象は刑事事件だけで、殺人・放火など重大事件でかならず陪審にかける法定陪審事件と、窃盗、詐欺、横領などで被告人が請求する請求陪審事件であった。陪審裁判に付された事件総数は484件で、そのうち有罪が378件、無罪81件、公訴棄却1件で、無罪率は17%弱という結果だった。

## 重大な欠陥もあった

戦前の明治憲法には「司法権ハ天皇ノ名ニ於テ法律ニ依リ裁判所之ヲ行フ」（57条1項）という規定があり、陪審制度導入には国民は専ら裁判を受けるものであって、自らが裁判する側に立つことは許されないという強い反対意見があった。しかし、大正デモクラシーの潮流を受け、陪審制度を導入せよという機運が高まり1890年には磯部四郎、三好退蔵、花井卓蔵、江木衷等の弁護士による陪審法制定の運動が始まり、1918年9月に成立した原敬内閣によって陪審法案が立案され、枢密院に廻されることになった。その後、高橋是清内閣、加藤友三郎内閣下での政治的かけひきと修正の歴史を経て、成立、公布された。

陪審員達も熱心で、真剣に陪審裁判に参加していたようである。しかし、大正陪審法は当時の時代背景に制約されていた。例えば、陪審員の資格は、30歳以上の日本国民男子であって、引き続き2年以上直接国税3円以上を納付していることとされていた（第11条）。

# 第2章 刑事裁判は、うまくいっているのか

## ① 低い無罪率は何を物語るか

まず、統計数字から考えてみよう。

二〇〇五（平成一七）年に（司法年度は、一月一日に始まって一二月三一日に終わる）全国の地方裁判所で判決を宣告された人員の総数は、七万七三六〇人（件）で、うち全部無罪の人員は六三人、一部無罪（一部無罪とは、一つの判決の中で、ある犯罪事実については無罪、ある犯罪事実については有罪と判断されている場合をいう）の人員は五九人である。したがって、全部無罪の無罪率は、〇・〇八％、全部無罪に一部無罪を加えた場合の無罪率は、〇・一六％となる。同年度に全国の簡易裁判所で判決を宣告された人員は、一万三七九七人で、うち全部無罪の人員は、二〇人で、一部無罪の人員は一人である。したがって、全部無罪の無罪率は、〇・一四％、全部無罪に一部無罪を加えた場合の無罪率は、〇・一五％となる。簡裁で無罪率が高いのは、無罪判決のかなりのものが、交通事犯の身代わり犯人として処罰された者が裁判確定後何らかの理由で身代わりであることを名乗りで出たことなどを理由とする再審無罪判決である（平成一七年は全部無罪二〇人中七人、平成一六年は全部無罪二四人中一三人が再審無罪である）という特殊事情によるものである。

以上は、平成一六年度及び平成一七年度の司法統計年報によった。

要するに、無罪になるのは、一〇〇〇人に一人前後ということである。この無罪率は、どう考えても、まともな裁判の結果であるとは考えられない。この統計を見ただけで、現在の刑事裁判は、えん罪の防止に成功していない、と言うのが常識的な見方であろう。そして、この無罪率は、ここ数十年基本的に変わってないのである。

ところが、一方で日本の刑事裁判は大変うまく運用されているといわれている。その一つの根拠として、わが国の刑事裁判では、事件の大部分が自白事件で、否認事件も自白事件と同じ手続で審理が行われ、自白事件をも併せた統計であるため、無罪率が著しく低くなっているのであって、否認事件だけについての無罪率はもっと高い、というようなことが述べられているようである。自白事件を除けば、無罪率が高くなることは当然である。ではどれだけ高くなっているのであろうか。

二〇〇五(平成一七)年度司法統計年報によると、二〇〇五年の否認事件数は、全国地裁で判決人員七万七三六〇件中五一五〇件(六・七%)、全国簡裁で判決人員一万三七九七人中六〇八件(四・四%)であり、否認事件中の全部・一部無罪(合計)の無罪率は、全国地裁で二・二一%、全国簡裁で三・四五%に過ぎないのである。

これを、かつて一九二八(昭和三)年から一九四二(昭和一七)年まで行われた陪審裁判の結果と比較してみよう。岡原昌男「陪審法の停止に関する法律に就て」(法曹会雑誌二一巻四号〔一九四三年〕)中の統計表によると、陪審の評議に付された全件数は、四八四件である。ただし、そのうち二四件の陪審更新件数が含まれているから、実際の事件数は四六〇件であり、その終局結果は、有罪三七八件、無罪八一件、公訴棄却一件（合計四六〇件）である。公訴棄却一件を除き実体判決のあった四五九件についてみると、無罪率は一七・六％である。

次に、最高裁判所事務総局『明治以降裁判統計揺籃』（一九六九年九月）によって、旧法時代の地方裁判所の自白・否認を含む全事件の無罪率をみると、旧旧刑訴法の施行されていた一九〇八（明治四一）年から一九二三（大正一二）年まで一六年間の地方裁判所における無罪率は、最高六・九％、最低三・五％、（各年率を平均すると四・九九％）、旧刑訴法の施行されていた期間のうち、統計の欠けている一九四一（昭和一六）年ないし一九四五（昭和二〇）年及び戦後の混乱期である一九四六（昭和二一）年ないし一九四八（昭和二三）年を除く一九二四（大正一三）年から一九四〇（昭和一五）年までの一七年間における同様地方裁判所の全事件の無罪率は、最高五・二％、最低一・二％（各年率を平均すると二・八六％）である。

以上の旧法下の無罪率と比較してみれば、否認事件だけの現在の無罪率をとってみても、それが如何に低いかが判然とする。否認事件だけの無罪率を持ち出して無罪率の極端な低さをカバーしようとする議論に根拠は全くないのである。

## ② わが国の刑事司法は健全？

そこで、極端に低い現在の無罪率は司法が健全であることを示すと擁護する論者は、次のようにも言うようである。すなわち、わが国では、捜査段階で十分に捜査が尽くされ、確実に有罪になると検察官が確信する事件しか起訴しないので、無罪率が低いのは当然であり、むしろ、無実の者が法廷に立たされることがないのが、わが国の刑事司法の健全なことを示している、と。

だが、この見解は明らかに誤りである。たしかに、膨大な捜査官を投入し、諸外国と懸絶した長時間を使って綿密な捜査を行っている（否認している被疑者については、二三日間の身体拘束が原則となっており、余罪捜査を理由に、その期間は、更に四〇余日、六〇余日となることが珍しくない。一例を挙げれば、殺人事件において、まず、二〇余日間死体遺棄罪で拘束し、次いで殺人罪でさらに二〇余日間、別の余罪でもあれば更に二〇余日というように長期化する）のは、そのとおりである。しかし、その実態が問題である。すなわち、捜査側が想定する犯罪事実に基づいて、徹底的に自白が追及され、被害者・目撃者その他の関係人の供述と自白の内容が矛盾しないように、細かい点に至るまでのすり合わせが行われ、捜査側の想定事実＝起訴事実を裏付ける矛盾のない供述証拠のネットが作り上げられるのである。そして、検察官は、このように固められた供述証拠群を見て安心し、有罪の確信をもって起訴するのが実態である。

しかし、このような供述証拠群は、相手方・第三者の批判を全く排除し、刑事司法における被告人・被疑者の権利を無視した密室取調べに基づくものである。

具体的に言えば、供述証拠は、黙秘権（供述拒否権）、証人審問権といった被告人・被疑者の刑事訴訟法上の基本的権利が実質的に奪われ、家族等との通信・面会（交通権）、弁護人依頼権さえも十分に保障されない状態で作り上げられたものである。当然のことながら、虚偽の供述が混入する危険が少なくなく、捜査官の想定した犯罪事実に沿う証拠群が虚実織り交ぜて作り上げられる可能性が少なくない。刑事弁護を担当した弁護士で、警察の捜査本部の立てた想定犯罪事実が捜査の途中で変更されると、それに符合するように、関係者の供述内容がいっせいに変更される例を経験された方は、決して稀ではないであろう。密室取調べがこのような虚構の供述を作り上げる危険性を有している以上、捜査が多大の時間と労力を使って行われ、検察官が有罪の確信を有する者だけを起訴するということは、上記のような極端に低い無罪率のもとでもえん罪はないということの理由付けにはならないはずである。むしろ、相互矛盾のないように作り上げられた供述調書群が存在し、検察官が有罪の結論に極端にこだわる（これは、わが国検察官の顕著な特徴である）ことによって、無罪の発見を著しく困難ならしめているのが実情である。

## ③ 死刑えん罪の続出は何を意味するのか

現行刑訴法が施行されて以来今日までの間に、死刑の判決が確定した被告人で再審によって無罪となった例が四例（免田事件、財田川事件、松山事件、島田事件）もあることは周知のとおりである。この間に死刑判決が確定した被告人の正確な数を明らかにすることはできないが、それほど多い数でないことはいうまでもない。参考までに、これらの事件について再審前の死刑確定判決（いずれも第一審判決）が言渡された一九五〇（昭和二五）年から一九五八（昭和三三）年まで（免田事件＝一九五〇年三月二三日、財田川事件＝一九五二年二月二〇日、松山事件＝一九五七年一〇月二九日、島田事件＝一九五八年五月二三日）の九年間に第一審裁判所において死刑の言渡しをうけた人員を、司法統計年報によって調査すると合計三〇三人である。改めて指摘するまでもなく、死刑判決については、特に慎重な審理が行われたはずである。その死刑確定囚の中から四人もの者が再審の結果無罪となったということは、驚くべきことである。死刑事件にしてそうだとすれば、より軽微な事件については、どれくらいえん罪があるのか、考えるだに空恐ろしいことではないか。

あるいは、そのようにえん罪事件が出たのは、現行刑訴法が施行されてから比較的間もない時期に起訴された事件であって、関係者が現行法の運用に習熟してきた現在、えん罪はほとんどなくなっているというようなことを言う向きもあるかもしれない。しかし、最近においても、えん罪は決して絶えることがない。その例証としては、後に掲げる二つの事件を挙げておけば十分であろう。すなわち、第2部第1章実例1事件の説明中に記したところから明らかなように、今からあまり遠く遡らぬ時間内に、第一審裁判所で被告人に対し有罪判決がなされることが確実と思われていた時期と、被告人に対する有罪判決が確定して懲役刑の執行を受けた時期に、それぞれ真犯人が現れるという事件（宇和島事件と富山えん罪事件）があった。刑事裁判の進行中や刑の執行後に真犯人が現れるということは、交通事犯の身代わり犯人が、身代わりに処罰を受けたのに、真犯人側が約束の対価を支払わないというような理由で、真相を暴露する場合（わが国の再審無罪のほとんどはこの種のものであり、これが、前述のように、簡裁の無罪率を地裁のそれより高くしている主要な原因である）を除き、まことに稀有の現象である。そのように稀有な真犯人の出現が比較的近接した時期に二件もあったということは、これまた、多数のえん罪の存在を推測させる事実であると言う他ない。

## ④ えん罪はどれくらいあるのか

ではえん罪は、どれくらいあるのであろうか。この問を刑事弁護をやっている弁護士に投げかければ、それぞれ何％ぐらいという返事が返ってくるようである。勿論、それは各弁護士の経験に基づく推測であって、主観的なものであることを免れないが、刑事弁護を担当しているほとんどすべての弁護士が相当数のえん罪の暗数があることを確信していることは間違いがないといってよいであろう。そして、実務家が持っている実感によれば、えん罪の暗数は、少なくとも現に無罪判決が確定している事件数の数倍に達していると思われる。

なお、先にえん罪とは、無実でありながら、犯罪の嫌疑を受けたり、刑罰に処せられたりする者であると述べたが、ある人が絶対的に無実であるかどうかということは、神ならぬ人間の認識を超えることであり、また刑事手続は流動的でもある。したがって、確定的なえん罪とは、有罪とされるべき確実な証拠なしに（刑事訴訟で使われる用語でいえば、合理的な疑いを超える証明がないのに）、有罪の判決を受け、それが確定した者ということになるであろう（もっとも、確定後も、再審の問題は残っている）。

以上、述べたように、現在の刑事裁判に多数のえん罪があることは間違いない。では、その原因はどこにあるのか。その詳細は第２部の論述の中で明らかにされるので、ここでは、大まかにまとめて述べておくこととする。

まず、おおまかに言って、えん罪の原因は、次のように分けて考えることができる。すなわち、①捜査・公訴提起の運用と警察官・検察官の姿勢、②公判手続の実情と裁判官の姿勢、③弁護の態勢の三つである。

## 5 捜査に潜むえん罪の原因

捜査・公訴提起（起訴）の運用については、前に若干の説明をした。簡単にいえば、捜査の段階で、被疑者に対しては執拗に自白が追及され、通常詳細な自白が調書化されており、自白と被害者、目撃者その他関係者の供述との間に綿密なすり合わせが行われ、起訴されるときには、公訴事実を立証する矛盾のない供述証拠群が完備しているのが通常である。しかも、「代用監獄」の用語は、監獄法改正とともに法律上は姿を消したが、都道府県警察の設置する留置施設は、刑事収容施設の一つとして公認され、被疑者は通常警察官による取調場所と同一警察署内に勾留され、アメとムチを使い分けた取調べ＝自白追及の可能な実態が依然として続いているのである。そのようなことができるのは、被疑者の長期間の身体拘束が許されている上、捜査官に被疑者・参考人に対する取調権や押収捜索検証等のすべての強制処分権など強大な権限が与えられており、それが目いっぱいに利用されているからにほかならない。捜査官の権限行使は、憲法及び刑事訴訟法による裁判官の令状審査によって抑制されることになっているが、ほとんど実効性がないのが実情であるし、市民による監視も一般的に捜査には及ばない。

換言すれば、捜査では、被疑者の自己に不利益な供述を拒否する権利（憲法三八条一項＝黙秘権）

は事実上無視され（黙秘しますといっても、直ぐに留置場に帰されるのではなく、執拗に詳細な質問が続く）、もとより証人審問権（憲法三七条二項）を行使する余地など全くない。そして、被疑者に有利な証拠は顧みられず、甚だしい場合には破毀隠匿さえされるのである。

こういうわけで、被告人が一定の犯罪で起訴された時点では、被告人を有罪とするにたりる証拠はすべて揃っているのであって、これから証拠調べをして有罪・無罪を決めようというような状況には程遠いのである。そして、被告人の側ではこれに対抗する証拠はほとんどないというのが現実である。だから、裁判所における裁判手続が始まる段階で、検察官側と被告人・弁護人側とは、調査（捜査）能力に桁外れの格差があるだけでなく、検察官側は、その所有支配する証拠の量において圧倒的な優位に立っているのである。

でも、事件関係者の中では、被告人が最も事件をめぐる事情を知っているのであるから、弁護人と協力することによって、検察官側に対抗して防御活動が充分にできるのではないか、と考える向きがあるかもしれない。しかし、そううまくはいかないのが実情である。捜査段階で、被告人が自分に有利なことを言ってもなかなか信用してもらえないし、強制的取調べによって虚偽の自白をさせられている場合もある。重要なのは物的な証拠と被害者、目撃者その他の関係者の供述であるが、物的証拠はすべて押収されていて公判段階になっても容易には利用できないし、関係者で判明している者は参考人として調べ尽くされていて、被告人・弁護人側でそれらの関係者から事情を聴取することはほとんど不可能である。というわけで、被告人がいくら事件に関する情報を持っているといっても、公判開始前に検察官に対抗することができるような防禦の準備をしておくなど、全くの夢物語なのである。

もっとも、任意にされたのでない疑いのある自白は証拠とすることはできず（自白法則）、捜査段階で作成された調書は原則として証拠にならない（伝聞法則）はずである。しかし、後にも述べるように、自白法則は、裁判所によって全く無視されているし、伝聞法則には、大きな例外が設けられ、しかもそれがルーズに運用され、捜査の結果は、実質上すべて公判に持ち込まれ証拠となるのが実情である。

こういうことがあった。ある一審の公判廷で、検察官が被告人に対して強制にわたりかねないような質問を執拗に行っていたところ、裁判長が、「検察官、ここは法廷ですぞ」といって、検察官をたしなめたのである。咄嗟にでた言葉であろうが、捜査の段階では少々強制にわたるような取調べをしてもやむを得ないという考え方が見え見えではないだろうか。裁判官がこのような考え方をしているのであれば、捜査段階における自白の任意性を否定される例が皆無に近いのも当然であろう。

このように、公判の開始に当たり、検察官と被告人・弁護人との間には、格段の力の差があるのが実際である。当事者主義が適正な結果を生むためには、検察官と被告人・弁護人の当事者双方が実質的に対等な立場に立つことが重要であるが、このような状況では、当事者主義といっても強い者勝ちに終わってしまい、えん罪を生むばかりであろう。

したがって、正しい裁判を実現するためには、公判審理を始めるに当たり、検察官と被告人・弁護人との間の極端な不平等を解消し、当事者双方ができるだけ対等な立場に立っていなければならない。そのために、第一に必要なことは、検察官手持ち証拠の全面開示を実現することである。

ところが、現在検察官手持ち証拠の開示は、はなはだ不十分にしか行われておらず、これがえん罪を生む一つの原因となっているのである、この点については、後に（第2部第2章）少し詳しく述べることにする。

次に、捜査段階における取調べ、特に被疑者の取調べの全過程を録音録画して、後に取調べの全過程を検証することができるようにしておくか、あるいは、取調べに弁護人の立会を認める（被疑者の場合には、被疑者の要求があれば、弁護人の立会のない取調べを許さない）ことによって、捜査の適正を確保する手段がとられなければならない。

最近、取調べの状況を全部（全部でなければ意味がない）録音・録画して、公判でその状況が明らかになるようにせよ（可視化）という主張は随分されているが、捜査官、特に警察当局が徹底的に反対し、当分実現の見込みはありそうにない。

先進諸外国、例えば、イギリスでは、わが国とは比較にならぬほど捜査官による取調時間が短く、しかも、法令によって細かく規制され、取調べの全過程の録音・録画が保障され、アメリカにおいては、被疑者が弁護人の立会を要求すれば、直ちに取調べを中止しなければならないのと比較すると、わが国の捜査・取調べの後進性には誠に顕著なるものがあるということができる。

これでは、被疑者の正当な主張も抹殺され、捜査の実態がえん罪を生む温床となることは当然である。

## ⑥ 裁判に潜むえん罪の原因

捜査に上記のような問題点があっても、捜査機関から独立した裁判所（裁判官）が、検察官の主張を批判的に検討し、憲法及び刑事訴訟法の規定を忠実に守れば、ある程度えん罪の発生は防止できるはずである。

ところが、わが国の刑事裁判官は、有罪指向が強く、著しく検察官に対して親近性をもっている。その原因なり実態は、多くの文献によって明らかにされ、本書においても別（第2部第3章）にふれるので、ここでは簡単な指摘をするにとどめることにする。

わが国では、公判における否認事件の割合が非常に低く、自白事件と否認事件とが同一の手続で行われ、無罪率は〇・一％前後、すなわち、一〇〇〇件に一件という低さであるため、裁判官は、来る日も来る日も自白事件の審理で過ごすことが少なくなく、否認事件を処理しても、無罪になるのはせいぜい一〇〇件に二件ぐらいにすぎないのが実情である。このような事態の下で、裁判官は有罪の予断をもってしまうようである。「起訴状自体が、最大の有罪の証拠だ」と言った弁護士があるようだが、そのとおりかもしれない。

また、旧刑事訴訟法時代から、裁判官と検察官との同列同格意識が強く、これが現行憲法や裁判所法や刑事訴訟法のもとでも事実上ある程度継承されていることも否定できないようである。一時裁判官の間にも、検察官恐怖症とか検察官・裁判官同一体の原則とか、このような傾向を揶揄する言葉が語られていたが、最近ではそういう自虐的批判の声もでないほど一体感がすすんでいるのではないだろうか。上命下服の関係にある行政官で捜査訴追（起訴）・公訴維持の職務を担当する検察官と、立法権・行政権からも司法行政権からも独立に職権を行使し、いわば権力機構の中にあって独立して権力を批判せねばならない立場にある裁判官との給料は当然異なるべきであり、憲法八〇条二項も当然そのことを前提としていると思われるのに、わが国では、下級裁判所裁判官と検察官の給料は全く同額である。それが不合理であるという声は、国会からも弁護士の間からも起こってこない。このことは、裁判官がそれほど高く信頼も評価もされていないことを物語るものかもしれないが、信頼と評価をうけないところには矜持も自信も生まれない。

裁判官の独立に対する最も強い脅威は、最高裁判所を頂点とする司法行政権である。第二次世界大戦後の裁判官独立運動史は、司法行政権に対する独立運動史であったと言ってよい。かつて、思想信条を理由とする再任拒否と思われるような事件（宮本判事補再任拒否事件、一九七一年）をはじめ、司法行政による露骨な思想統制が行われてきたが、最近では、思想統制は影をひそめ、これに代って非能率を理由とする裁判官の統制が進行しているようである。後にも取り上げるが（第2部第3章）、上記のような捜査に引き続く公判で、えん罪者が無罪判決を獲得するためには、後にも述べるように（第2部第4章）、緻密で息の長い弁護活動を必要としてきたし、現に必要としているのである。迅速化の掛け声のもとに裁判官の統制が進めば、えん罪の救済がますます困難になるのは自明のことであろう。

## ⑦ 弁護活動に潜むえん罪の原因

刑事弁護には、弁護士の収入問題が大きな支障になることはいうまでもない。露骨な言葉で表現すれば、弁護士は刑事弁護に熱中していては飯が食えない、ということである。かつて、旧刑訴法時代には、清貧に甘んじながら刑事弁護に一生を捧げたというような立派な弁護士がいたと語り継がれている。そのような崇高な弁護士が存在できたのは、旧法時代の弁護活動が、捜査記録のすべてが裁判所に提出され、刑事弁護の主要な仕事は、それらの記録を読んで批判するので事足りたという事実があったと思われる。ところが、当事者主義下の現在の刑事弁護、特に否認事件のそれには、遥かに積極的な活動が要求される。これに対応するだけの弁護士の経営態勢が整えられているとは到底思われない。刑事弁護は一部篤志的弁護士の献身的活動によって支えられているといっても過言ではないであろう。

ようやく重罪事件の被疑者段階での国選弁護が実現し（二〇〇六年）、近く一般事件に拡張される見込みではあるが、検察庁に対抗し得るだけの強力な弁護態勢の確立にはなお程遠いものがあると言ってよいだろう。当事者主義のもとでは、強力な弁護活動なくしてえん罪の防止はあり得ないのであるから、刑事弁護態勢の確立は目下の急務であるといわねばならない。

勿論検察官面前調書も一切、法廷での証拠能力を認められなかった（343条など）。陪審法でも同様だった（72条など）。

日本の裁判員制度においては、裁判官３名が何れも公判前整理手続に参加し、満身、偏見あり (prejudised) の状態で、評議に参加する。フランスの陪審のように「調書の内容その他公判に提出される証拠以外の情報について述べることを許されない」などという規定は何処にもない。フランスの陪審制度と日本の裁判員制度は月とスッポンの差があるというべきである。

### 裁判官の誤った判断を、裁判員が追認する可能性

日本の裁判員制度においては、裁判長は、必要と認めるときは、「評議において、裁判員に対し、構成裁判官の合議による法令の解釈に係る判断及び訴訟手続に関する判断を示さなければならない」（裁判員法第66条3項）という規定も、裁判官と裁判員の評議が対等でないことを示す。

裁判員は評議をし、裁判が告知されると任務は終了し、裁判官のように、判決書に署名することもない。逆にいえば、裁判員による評議とは形式上の評議だけであり、裁判の実質に及ぼす評議は期待されていない。

その場合の理由は、「裁判員の皆さんは裁判の実態を知らない。今回１回限りの経験である。我々は職業裁判官として、職を賭し人生を賭けて、この裁判という仕事をしている。みなさんとは経験、知識、心構えの全てにおいて違うのです」といった具合であろう。あるいは膨大な調書や鑑定書を裁判官が裁判員に一方的に説明する場になるであろう。それに証拠能力のない証拠によって予断を形成した裁判官の心証が、それを知らない裁判員の上に容赦なく注がれるであろう。フランス陪審法のようにそれを阻止する規定はない。官僚裁判に「市民感覚」を取り入れるために裁判員制度が作られたのだが、その意味が全くなくなる。

評議は、官僚裁判官が、一方的に裁判員に対し、「法令の解釈に係る判断及び訴訟手続に関する判断を示」して、事実認定のあらゆる局面で、優位に立ち、指導する場となるであろう。

（沢登佳人『刑事陪審と近代証拠法』〔新潟陪審友の会、2001年〕を参照した）。

裁判ステップアップ知識

# 裁判員制度とフランスの陪審制度

## フランスの司法参加は参審ではなく陪審

裁判員制度の立法過程で、裁判員制度とフランスの陪審制度はよく比較された。

フランスの陪審制度の構成は、裁判官３名に対して陪審員（市民）９名で、全部で12名である。参加する裁判官が、「市民と同じ資格・権限で参加するもの」であり、公判準備手続に関与した裁判長が、「調書の内容その他公判に提出される証拠以外の情報について述べることを許され」ない。一般には、フランスでは裁判官が参加しているので参審制度だといわれるが、陪審制度だといってよい。

裁判長以外の裁判官２名は、一般市民と全く同様に白紙の状態で公判に臨み、公判に提出される生の物証や証言のみに基づいて心証を形成する。裁判長だけは公判準備手続で訴訟指揮計画を立てる必要上、被告人と同じように公判以前に予審調書を見ることが許されるが、公判と評議において調書の内容その他公判に提出される証拠以外の情報について述べることを許されず、うっかり発言すれば全手続が無効になる。

## 月とスッポンの差

そこでは、直接主義・口頭主義の原則が徹底していて、「調書や伝聞の公判提出は厳禁され、検察官がうっかりその内容を引用すれば処罰され全手続が無効に」なる。例外として「公判廷証言が予審での証言を記録した調書と矛盾すれば」その弾劾証拠として、「証人が死亡・重症・失踪などにより、公判に出席できないとき」非常に制限された形で提出できるに過ぎないとされている。

日本の戦前の刑事訴訟法でも、供述者の死亡、疾病その他の理由による供述不能とか、訴訟関係人に異議がない場合などの例外的場合を除いて、警察官面前調書は

# 第3章 無罪判決は、どのように獲得されているのか

前記のように、起訴の時点で、捜査段階における密室取調べの結果、起訴事実は有罪証拠で固め尽くされており、検察官と被告人・弁護人との間に格段の力の差があるという状況のもとで、被告人・弁護人側は、如何なる手段によって、無罪判決を獲得してきたのであろうか。

## ① 供述の不合理を発見する

被告人・弁護人は、圧倒的な力を持っている相手（検察）に対して闘うのであるから、その手段は、勢い多岐にわたるゲリラ戦的なものにならざるを得ない。その手段の中で一般的なものの一つは、捜査段階における被告人（被疑者）や参考人（証人）の供述について、不合理な変遷、供述の無理な辻褄合わせなどの瑕疵を発見し、その不合理性を衝いて、それらの供述証拠や自白の信用性を弾劾するという方法である。これができると、かなり有効な手段となるのである。

かつてある元検察官が次のように語ったという報告がある。すなわち、「検察官としては、最大二二日間に一〇年間の裁判に耐えられる調書を作るという意気込みでやっている。上司の目も起訴猶予に寛大な反面、起訴した事件については絶対に有罪をとるという姿勢がうかがえ、プレッシャーとなっている。そのため、いちばん嫌なのが供述の変遷を指摘されて検察官調書の信用性を

弾劾されることである。特に重要困難な事件では、警察の捜査能力が落ちているのに、単純に警察段階と検察官段階の供述の変遷を指摘されて、その一事で裁判所が信用性なしと誤った判断をするのではないか、という危惧を強く持っている。そのためそのような事件では検察官調書に合わない調書類は原則非開示とする。検察官交代の場合でも、この調書は絶対に出すなというような引継がある。しかもその反面罪証隠滅のおそれは表向きは別として、実際にはあまり気にしていないのが本音である。要するに供述の変遷をとらえて、検察官調書の信用性を不当にぐらぐらさせられたくないためである」（「第一六回全国裁判官懇話会報告」判例時報一六三二号一〇頁）というのである。一〇年近く前の談話だが、事態は今でも本質的には変わっていない。現在のような捜査の運用を前提とする限り、捜査段階における供述の変遷は検察官の最も隠蔽したがることであり、被告人・弁護人にとっては、その発見が検察側証拠の信用性を弾劾する第一歩なのである。

このように供述の変遷を咎めるためには、捜査官が被疑者や参考人を取調べる都度、調書が作成されること（犯罪捜査規範一七七条一項は「取調べを行ったときは、特に必要がないと認められる場合を除き、被疑者供述調書又は参考人供述調書を作成しなければならない」と規定している）と、証拠開示が完全に行われることが条件となることはいうまでもない。しかし、供述の都度、供述調書が必ずしも正確に作成されていないのが現状であるし（現行刑事訴訟法が施行された当初は、すべての供述調書に、必ず第何回供述調書というように必ず序数詞による番号が記載されていたが、間もなく調書作成経過の全貌を隠すために廃止された）、証拠開示が甚だ不充分にしか行われていないことは別に述べるとおりである。

## ② 人質司法で限界もある

被告人にとって有利な客観的証拠を発見し証拠請求することが被告人の防禦上重要であることはいうまでもないが、そのような証拠は、押収などの捜査官側の行為によって検察官の手許に置かれ開示されないままになっていることが多い。被告人やその関係者から充分に事情聴取をして、このような証拠が検察官の手許にあることを突き止めて開示をもとめることは重要であるが、被告人は決してすべてを知っているわけではないし、いわゆる人質司法で被告人が拘束されていては、被告人から充分な事情を聞くことはできないのである。そこで、検察官側の証拠調べが行われている過程で、細心の注意をして被告人に有利な証拠の存在を探知し、辛抱強く証拠開示を要求して行くことにならざるを得ない。無罪判決の獲得に長時間を要する原因は、こういうところにもあるのである。

## ③ くせものの刑事訴訟法三二一条

刑事訴訟法のたてまえでは、被告人に不利益な供述をする証人の供述の信用性は、反対尋問によって、これを弾劾・減殺するのが原則であるかもしれない。しかし、検察官側証人の主尋問（検察官による尋問）に対する供述は、捜査官が何度も取調べ尽くして結論的に纏め上げている供述のオウム返しである。そして、証人は、ほぼ例外なく証人尋問の行われる日時に近接した時点で検察官による予行練習を受けて出頭しているのである。このような証人に対して、弁護人が、単に最後に作られた検察官調書だけの開示を受けて、反対尋問を行っても有効な弾劾などできるわけがない。

弁護人の反対尋問が成功するのは、警察段階からのすべての供述調書その他の関係証拠の開示を受け、かつ僥倖に恵まれたような場合に限られているといっても過言ではない。第一に、当該証人の中には、捜査段階で何度も呼び出されて取調べを受け、もう済んだかと思っていたら、裁判所から証人召喚状が舞い込み、出頭期日の前日には、また検察庁に呼び出されて復習させられ、証人尋問の当日は、検察官の尋問を受けて供述し、これで終わったかと思ったら、弁護人からまた同じ事項について尋問を受け、うんざりしていて、何べん聞くんだ、調書に書いてあるとおりだというように、なげやりな気分になっている人が少なくない。これは、公判手続の形骸化といわれている現象の一局面であるが、このような状況では、有効な反対尋問など到底望むべくもないのである。

しかも、弁護人の努力によりある程度有効な反対尋問をすることができ、証人から前に捜査段階でした供述と異なった供述を引き出すことに成功しても、検察官から、検察官調書の証拠調べが請求され、刑事訴訟法三二一条一項二号後段によって、これが証拠として採用され証拠調べされるという結果になってしまうのである。そして、供述者の供述そのものを記載するのではなく、取調官の加工により理路整然とした文章体に作り変えられている供述調書の読み易さ、理解し易さに由来する説得力のゆえに、これが大きな証明力を持つことが多いのである。

重ねて言うが、このように証人審問権（反対尋問権）の無力さに直面すれば、刑事弁護、すなわちえん罪の発見は、いきおいゲリラ的手段に頼らざるを得ないのである。比喩的に言えば、一見堂々たる千里の堤防に蟻の穴のあるのを見つけ、それを丹念に掘っているうちに、堅固に見えた堤防も意外に砂を積んだだけのものであることが暴露されることもあるということである。

# 第4章　えん罪をつくらせられる裁判員

## ① なぜ、裁判員裁判をやるのか

この問いに答えるためには、裁判員制度がなぜできたかを解明する必要がある。

裁判員裁判は、裁判員法に基づき二〇〇九年五月までに実施されることになっている。裁判員法は、いうまでもなく司法制度改革審議会の意見書に基づいて行われた立法である。

司法制度改革審議会は、もともと競争原理・市場原理が徹底され、事前規制の撤廃によって生ずる紛争その他の事故を事後的に迅速に解決できるように、効率的な司法制度を確立したいという産業金融界の要請によって生まれたものであった。したがって、委員の大半は法曹関係者以外の者をもって当てられた。ただ、この委員会には、市民団体・労働団体の代表者や弁護士も加わっていたので、刑事裁判の現状について、公判手続が形骸化しているのではないかという問題も提起され、その改革のためには陪審制度を実現するほかないという提案もなされた。これに対して、現在の刑事裁判はうまく行っているという裁判所・法務省側が、陪審制度の実現に強く反対し、参審制度（それも当初は参審員の権限を意見陳述権だけに制限したもの）を主張した。そのような状況の中で、両論併記ではなく全員一致の結論を出すことを方針としていた委員会は、参審制度でもなく陪審制度でもない裁判員制度という制度を最終意見としてまとめて提案した。

この司法制度改革審議会の意見書で提案された裁判員制度は、職業裁判官と裁判員と称する市民とが協働して少数の重罪事件についての審理裁判を行い、裁判員は原則的に裁判の全過程に関与する点で参審制度に近いものであるが、裁判員が一般市民から無作為抽出の方法によって事件ごとに選任されるという点で形だけ陪審制度に近いという甚だ中途半端なものであった。市民の司法参加としては甚だ不徹底であり、現在の刑事裁判には、えん罪の暗数が多数あり、その救済が非常に困難な事態にあるという現実を正確に認識し、えん罪防止という視点からの改革を意識した点はほとんど見当たらなかった。先進諸国の中で、市民の刑事司法参加の制度を持たないのはわが国だけであるという事態のもとで、早急に安易な妥協を成立させ、ともかくも形の上で市民参加を実現しようとしたものだといってもおかしくないものであった。これが真相だといっても間違いではないであろう。

この司法制度改革審議会の提案した裁判員制度を基に、刑事訴訟法の一部改正により設けた公判前整理手続とともにつくられたのが、現在法律となっている裁判員制度である。その立法過程で、原則的に三名の裁判官に対して、裁判員は六名という構成比率は確保されたものの、後に述べるように、協働して評議をする裁判官と裁判員との情報量と権限に大きな差があって、裁判員が飾り物に過ぎなくなる可能性はますます高くなり、一方公判前整理手続によって強行される争点整理と被告人の主張・立証の制限と証拠開示規定の不十分さは、えん罪発生の危険性を一段と強めることになったといっても過言ではない。

では、裁判員裁判によって、より正確に言えば、裁判員制度と公判前整理手続とを結びつけた制度によって、刑事裁判はどう変わるのであろうか。結論を言えば、従来の無罪獲得手段を採ることは著しく困難となり、これに代る有効な防御方法を作り出すことも困難であって、えん罪の防止はますます困難になると言ってよいであろう。裁判員裁判では、裁判官と裁判員とが一緒になってえん罪をつくる危険性が高いといっても過言ではない。

この点については、後に更に詳しく説明することになるので、ここでは簡潔に触れることにする。

## ②調書がそのまま証拠能力をもつ

まず、注意しなければならないのは、裁判員裁判のもとでも、捜査の構造と実態は少しも変わらず、捜査段階で作成された自白調書や検察官調書が公判において証拠となる仕組みに全く変化がないということである。変わるとすれば、自白調書も参考人供述調書も、最終的な供述だけが極めて簡単に記載されるだけで、そのような自白や供述に到達するまでの経過は、すべて闇の中に入ってしまう蓋然性（ある事実が起こりそうな度合いをいう言葉で、最も高い蓋然性は、必然性に接着している）が高いということであろう。

捜査の実態はそのままで、調書だけが結論的な簡単なものになる（詳しい供述過程は、捜査官のメモの中に蓄積される）というのでは、少々証拠開示が進んでも、メモ類は一切開示されないので、有効な反対尋問はますます困難になる。このような状態で、簡潔で分かり易くなった自白調書や検察官調書は従前同様証拠能力を持つというのでは、えん罪の防止は気が遠くなるほど遠ざかって行くのではないか。

## ③ 争点整理を迫られる被告人・弁護人側

公判前整理手続の内容を一言で表現すれば、第一回公判期日前に、争点を整理し、検察官と被告人・弁護人の双方にすべての証拠申請をさせて、証拠決定をし、公判になってからの新たな証拠申請を原則として許さぬ、という制度である。

たしかに、裁判員裁判を行う以上、公判期日を集中的に開き、公判の内容を平易で分かり易いものにすること、そのために争点がはっきりし、証拠として何を調べるかがあらかじめ決まっていることが必要であろう。しかし、そのためには、捜査の運用・実態が根本的に改められ、公判開始に当たり、検察官と被告人・弁護人が対等に近い状態でスタートラインに立ち、鑑定書や検証調書などの特殊な書面を除き、捜査段階で作られた一般の供述調書は一切証拠にならない、という制度が確立しておらねばならない。今回制定された公判前整理手続では、このような手当てが一切行われないまま、したがって、力の上で格段に劣位に立っている被告人・弁護人側が、十分な情報がないまま争点整理を迫られ、そして、十分な立証計画を立てられないまま、すべての証拠申請をさせられるということになるのである。

公判前整理手続の新設に伴って、被告人・弁護人側に一定の限度で証拠開示の請求権を認め、検察官がこれに応じない場合には、裁判所が裁定するという制度が設けられた。このように被告人・

弁護人側の証拠開示請求の権利性は、一応認められたが、開示請求に当たって、開示を求め得る証拠は供述録取書などとして類型化されている上、当該証拠を識別するに足りる事項を明らかにせねばならず（証拠標目一覧表の閲覧を許されていない被告人・弁護人にとって非常に困難なことである）、また、その開示が検察官請求証拠の証明力の判断のために重要であることなどの必要性をも明らかにしなければならないなど、かなり厳しい条件が科されているのである（刑訴法三一六条の一五）。このように制約の多い制度では、検察官手持ち証拠の全面開示とは程遠く、例えば、前述したように、捜査の内容が供述調書という形で保存されず、捜査報告書、とくにメモ類に保存されることにでもなれば、新しい証拠開示制度も全く無力になりかねないのである。

## ④ 予断をもつ裁判官と共同したら

えん罪を生む最大の原因の一つは、裁判をする者、すなわち裁判体が有罪の予断を持っていることである。公判前整理手続新設以前の刑事訴訟法のもとでも、予断排除原則は必ずしも徹底していない。それを正当化する理由として、職業裁判官は、適法な証拠に基づく判断と、証拠に基づかない判断、すなわち予断とを明確に区別できる、ということがしばしば言われる。しかし、職業裁判官は予断を抱かないというのは一種の迷信である。職業裁判官といえども決して予断と無縁ではない。逆説的にいえば、意識するとしないとにかかわらず、来る日も来る日も有罪判決に明け暮れていることの多い職業裁判官こそ強い有罪の予断を持ち、それに支配されると言ってもそれほど間違いではないであろう。

ところが、公判前整理手続は、このような裁判官の有罪の予断を著しく増幅させる危険が高いのである。すなわち、公判前整理手続は、裁判官が主宰して（裁判員はまだ選任されておらず、当然参加しない）行う。その内容である争点の整理と証拠決定は、当然に裁判官に予断を与えずにはおかない。検察官と被告人・弁護人との間の保有証拠の量の差を考えると、その予断は、ほとんどすべて有罪方向の予断であると言ってよい。このような裁判官と協働する裁判員は、その有罪の予断の影響を強く受けることになるであろう。

## ⑤ 事実認定を争う事件はごく少数

裁判員裁判において、裁判員は裁判官とともに、公判審理に当たる。その裁判官は、上述したように、公判前整理手続を主宰するのみならず、公判審理については、訴訟指揮権を行使し、訴訟手続上の決定を行い、法律の解釈も、事実の認定も、刑の量定も、すべて行うのである。これに対し、裁判員は、公判前整理手続については傍聴さえもしておらず、公判審理のうち、事実認定、法令の適用（有罪・無罪の事実判断にとどまり、法律の解釈はできない）及び刑の量定にだけに関与することになる。そして、裁判員が関与する事件は、後に述べるように、死刑・無期懲役というような重い刑が科されることになる重大事件だけで、その大半は、事実に争いのない事件である。

だとすると、一般市民である裁判員が、最も能力を発揮することが期待される事実認定に関与できる事件は非常に少数ということになる。しかも、裁判員は、公判前整理手続やその他の訴訟手続を担当し、自分らより圧倒的に多い情報を独占し、前述したような理由により有罪の予断を抱いている裁判官と共同して評議を行うことにならざるを得ない。これでは、折角参加する裁判員は、単なる飾り物になり、裁判官とともにえん罪をつくることになる蓋然性が高くなることは、火を見るより明らかである。

それでも、裁判員の独立性を確保するために、裁判員に対して、刑事訴訟法上の重要な原則、例えば、「疑わしきは被告人の利益に」という原則が、共に評議・評決をする裁判官とは別の機関によって明確に理解し易く説示される手段が定められておれば、まだ救いがあるが、そのような規定は全くない。だから、裁判員裁判は、裁判官と裁判員とが共同してえん罪をつくる制度であるといわざるを得ないのである。

## ⑥ 裁判員の主な仕事は、死刑などを決める量刑

ちなみに、裁判員が参加する裁判は、大半が死刑・無期懲役というような重大事件の自白事件だということになると、裁判員は、市民が処理することを必ずしも適切としない量刑という仕事、しかも死刑を含む重刑の量定に当たるのを主たる仕事とするということになる。これでは、一般市民が裁判員になることを嫌がるのも当然ではないだろうか。このような制度を作った人の常識を疑いたくなる所以である。

# 第5章　裁判員裁判へ6枚のイエローカード

後で詳しく説明することになるが、陪審裁判と比較して、裁判員裁判のどこにえん罪を生む危険性が潜んでいるか、ここで簡単にまとめておく。

## ①　事実認定に専心できない（1枚目）

陪審裁判と裁判員裁判とでは、参加する市民、すなわち陪審員と裁判員の権限の範囲が異なる。陪審員は、起訴されている犯罪事実が証拠によって認められるかという事実認定、あるいはそれに加えて有罪・無罪の判断だけの権限を持つが、裁判員は、これに加えて更に刑の量定の権限を持つことになっている。こう述べると、裁判員のほうが陪審員より参加の程度が高いと思われるかもしれないが、そうではないのである。後に述べる権限行使のあり方とも関係するが、陪審員は、市民が充分に能力を持っている事実認定に専心することができるのに対し、裁判員は、自分の能力を超える刑の量定にも関与するため、市民参加がかえって形ばかりのものになる可能性が生じる。

一般市民は、毎日の自分の事業や職務を実行するためにも、生活を続けるためにも、必ず一定の事実認定を行い、その上に立って行動している。職業裁判官は、法律の解釈や実務については、「専門的知識」を持っているが、事実認定については、一般に特別の経験や知識を有する者ではない。

したがって、事実認定能力において、一般市民と職業裁判官との間に本質的な違いはないのである。

## ②　参加は形式的になる（2枚目）

次に、両者は、市民だけで独立して判断するか、裁判官と共同して判断するのか、という点で大きく異なっている。陪審員は、市民でも充分にできる事実認定と有罪・無罪の判断だけを市民だけで行うので、参加は非常に実質的だといえる。これに対して、裁判員は、自分の能力を超える量刑問題まで背負い込んだ上、裁判官と共同して判断をするため、いきおい参加は形式的とならざるを得ないのである。サッカーでは、もうこれで退場となる。

## ③　裁判官と裁判員は対等にならない（3枚目）

裁判員が共同する相手の裁判官は、人数こそ少数であるが、前述したように公判前整理手続を含む刑事裁判手続上の権限を独占し、情報量においても圧倒的に有利な地位にあるため、裁判員が単なる飾り物になる蓋然性が高いのである。これに対し、証拠を評価して事実を認定するという仕事に裁判官から独立して専念できる陪審員は、名実ともに市民参加を実現できることになる。

## ④　市民の参加が必ずしも必要・適切でない事件に参加させられる（4枚目）

裁判員裁判は、非常に刑の重い少数の重大事件に限って行われ、自白事件・否認事件を問わず、すべての事件について、被告人による選択の余地を与えずに実施されることになっている。

これに対し、陪審裁判は、より広い一般刑事事件の否認事件だけについて、しかも陪審裁判によるか、職業裁判官の裁判によるかの選択権を被告人に与えた上で行われる。すなわち、陪審裁判では、市民の参加が最も必要かつ適切である事件についてのみ市民が参加するのに対し、裁判員裁判では、市民の参加が必ずしも必要・適切でない事件についても、市民の参加を強制するものであって、司法への市民の実質的参加を保障するものではないのである。

## ⑤ 変則的な多数決による裁判官の影響力の危険（5枚目）

陪審裁判において有罪の認定をするためには、全員一致ないしそれに近い評決が要求されるが、裁判員裁判では、裁判官をも加えた多数決、しかも後（本書一七七頁）に述べるような変則的な多数決によって、評決が行われるので、運用如何によっては、ますます有罪の予断を持ちがちな裁判官によってリードされるという危険性を孕んでいるといわなければならない

## ⑥ 「説示」がない危険（6枚目）

陪審員は、評議評決に先立ち、刑事裁判における事実認定の原則、あり方について、説示を受ける機会を必ず与えられる。これは、刑事裁判に参加する市民にとっては非常に重要なことである。しかし、裁判員には、このような機会が保障されておらず、このような原則、あり方について明確な意識を持たないままに（当事者、特に弁護人の弁論活動如何にもよるが）、裁判官を加えた評議に参加することになりかねないのである。裁判員の参加する刑事裁判に関する規則三四条によって、裁判員に対し、事実認定上の原則等が説明されるように規定されたが、その内容は抽象的であり、かつ共に評議をする裁判官によって行われるため、十分な効果を期待することはできない。

# 第6章 職業裁判官による裁判のままでよいのか

## ① 陪審裁判という選択

だからといって、現在の職業裁判官による裁判のままでよいのでないことはいうまでもない。しかも、救済に困難の伴うえん罪を生む現在の刑事裁判は改められなければならない。その方策としては、後に述べるように、陪審制度の採用しかあり得ない。裁判員制度がつぶれれば、職業裁判官だけの制度に復帰すると危惧する向きもあるようである。しかし、現実の問題として、先進諸国の中で唯一刑事司法に対する市民参加の制度を持たなかったと言われているわが国で形だけでも市民参加を実現したのに、これを簡単につぶすわけにはいかないであろう。だから、裁判員制度を廃止し、職業裁判官による裁判のみに復帰することはあり得ないといってよい。そして、裁判員裁判を実施するうちに、その欠陥が明らかになり、例えば、裁判員になった人々の間から、市民に死刑か無期懲役かというような重刑の判断をさせるのではなく、もっと一般的な事件について、事実認定だけをする制度にすべきであるという意見が出て、陪審制度復活への道が開けるであろう、と期待されるのである。そして、えん罪の防止という刑事裁判の本来の目的を追究する立場に立つ市民や弁護士を中心とする法曹の間からも、陪審制度復活への要求が高まるであろう。

## ② 陪審裁判は、えん罪と無縁か

もちろん陪審裁判だからといって、えん罪が一切なくなる保障はない。しかし、えん罪の数が現在より激減する蓋然性は高いと思われる。その理由を簡単に述べておこう。

えん罪を生む大きな原因の一つに裁判体が予断、有罪方向の予断を持つことがあるのは上述したとおりである。被疑者が逮捕されると、あるいは被疑者が自白すると（これは、捜査当局によって例外なく報道機関にリークされるようである）、被疑者が有罪であり、事件が解決したと報道される現状のもとでは、裁判体に全く白紙の状態で証拠調べに臨め、と要求することは無理なことであろう。しかし、制度如何によっては、かなり予断排除原則を徹底させることができる。

それは、刑事裁判に当たり、証拠とすることができる証拠を選定確定する仕事（証拠能力の決定）と証拠とする資格のある証拠の価値判断をする仕事（証明力の評価）をする裁判体を完全に分けることである。このようにすることによって、証拠の証明力の判断をする裁判体が、予断を持たずに、もっぱら一定の証拠の価値判断だけによって事実認定をする基礎的な条件が整えられるのである。これができるのは、陪審裁判だけであることはいうまでもない。裁判員裁判では、この二つの仕事が厳密に分かれていない上に、裁判体の中に、この双方の仕事をする裁判官とそうでない裁判員との二つが存在するという弊害の多い構成になっているのである。

## ③ 有罪マンネリズムとも無縁な陪審裁判

えん罪を生む危険は、また、判断者の心に潜むマンネリズムである。初心忘るべからずという言葉があるが、それは刑事裁判における事実認定においても重要なことである。職業裁判官が有罪慣れして有罪の予断を抱きがちなことは前述したが、一般市民である陪審員の場合にはわが国の職業裁判官のように検察官に同調する意識はなく、「疑わしきは被告人の利益に」原則、「合理的な疑いを超える証明」原則などの刑事裁判における事実認定上の重要原則について、適正な説示さえ与えられれば、新鮮な気持ちと強い責任感をもって任務に当たることができると考えられるのである。このような精神状態こそ正しい事実認定——えん罪防止の基礎的な条件なのである。

## ④ 陪審裁判実現へのあしがかり

先に述べたが、裁判員裁判の対象となる重大事件のうち、少数の否認事件については、公判前整理手続による早急な争点整理と証拠申請の打ち切りを伴った裁判員裁判と、無罪判決を求める被告人・弁護人の防禦活動との間に、大きく深刻な矛盾を生じ、大きな暗礁に乗り上げる事件が生じ、必ず制度自体のあり方が問われる事態が生じると思われる。また、大多数の自白事件については、重刑の量定のみに関与させられる裁判員の苦悩が必ず表面化することだろうと考えられる。その結果は、決して職業裁判官の裁判への復帰ではなく、必ずより合理的な制度としての陪審制度に向かうものと確信する次第である。

# 第2部

# 刑事裁判のどこに問題があるのか

「ある国民がもつ文化の性格は、その国の刑事裁判のあり方によって、おおよそは判断することができる」。

これは岩波新書『日本の刑事裁判』（1979年）の冒頭に出ているシェーファーというアメリカの学者の言葉だが、著者の青木英五郎氏は、「刑事裁判のうえでいかに個人の自由・尊厳が保障されているかによって、その国の文化のあり方を考えることができるということである。このことは、訴訟構造（裁判の構造）というものが、個人の自由・尊厳にとって、きわめて重要な関係にあることを意味している」と述べている。

著者は元裁判官で、弁護士になってからは数々のえん罪事件を手がけ、狭山事件の弁護に腐心された。狭山事件の石川氏のように、一般の市民は悪いことさえしなければ警察に引っ張られることもなく、まして裁判にかけられることなどないものと思っている。間違ってそうなったとしても、人権を守ってくれる裁判所が、公正な裁判によって無実の市民が有罪を宣告されることなどあり得ないと信じている。

ところが、わが国ではいったん嫌疑を受けて警察の取り調べにさらされ裁判にかけられると、たとえその人が無実であっても、無罪判決を受けることが非常に困難だ。文明の度合いも高く、国民の社会生活は法律によって守られ、政治も法に従って行われているはずの法治国家日本にあって、一体これはどうしたことか。

免田・財田川・松山・島田の四大死刑えん罪事件は、氷山の一角にすぎない。

免田事件の免田栄さんは、死刑台と隣り合わせの獄中の日々、死刑の恐怖に怯えながら、ようやく死刑台から生還するのに、34年8カ月の歳月を要した。一体日本という国はどうなっているのだろう。すでに処刑されてしまった人たちからは、無念の声を聞くこともできない。死刑ではなく無期懲役の布川事件などを加えれば、えん罪事件は数え切れないほどあり、獄中に呻吟する不運な人々はいまなお後を絶たない。

# 第1章 刑事裁判の現実を見る

## 実例1 宇和島事件 絶望感から自白

### 1 取調を開始した日のうちに自白

被告人A男は、B女からその自宅の鍵を渡され、自由にB宅に出入りする関係にあった。一九九九（平成一一）年一月二六日ごろ、Bは、自宅二階寝室に保管していた印鑑と農協の貯金通帳の入った巾着袋などが無くなっているのに気付いた。Bは、その時自宅に来ていたAと一緒に家の中を探したが、印鑑も貯金通帳の入った巾着袋も見つからなかった。Bは、Aの勧めに従って、翌二七日に農協に問い合わせたところ、何者かによって同年一月八日にその貯金通帳の口座から現金五〇万円が引き出されていることが判明した。Bは、直ぐに電話で、このことをAに話したところ、Aから警察に届けるように勧められたので、その日警察に被害を届けた。

被害届を受けた警察は、捜査の結果、Aを犯人だと判断した。その主な根拠は二つあった。その一つは、Bの家が特殊な構造であることに関連する。すなわち、実況見分した結果、B宅は、一階が道路より低く、駐車場と倉庫であって、道路と同じ平面の二階が居住部分になっていることが判明した。ところが、警察官は、実況見分に際し、二階の居住部分だけしか見分しなかったため、Bの家には玄関からしか入れないものと判断し、一階の駐車場に梯子（脚立）が置いてあり、これを使って二階の居住部分に侵入することが可能であるのを見落とした。その結果、犯人は内部の者ないし鍵を持っていて自由に出入りできる者である、と判断した。他の一つは、農協で録画されている真犯人と思われる人物が写っているビデオをプリントしてBに見せたところ、Aによく似ていると供述したことであった。

Aが犯人だと確信した警察官は、同年二月一日、A宅及びAの普通乗用自動車を捜索し、被害物品は発見されなかったが、Aを警察署へ任意同行してその取調べを開始したところ、Aは、その日のうちに自白した。その自白の内容は、一九九八（平成一〇）年、すなわち前年の一〇月上旬に通帳を盗み、同じ年の一二月下旬ごろに印鑑（象牙）一本を盗み、一九九九年一月八日に農協から貯金五〇万円を引き出し、そのうち、二〇万円は勤務先会社からの借入金二〇万円の支払にあて、一〇万円は自分の自動車の後部座席に隠し、残り二〇万円はパチンコ代や生活費に使い、貯金通帳と印鑑は勤務先のごみ焼却場で焼いた、というものであった。

Aは、逮捕・勾留され、一九九九年二月一二日に印鑑一本の窃盗で松山地方裁判所宇和島支部に起訴された。その日の夕刻から、警察官が、本当は印鑑と貯金通帳は焼き捨ててはないだろう、B

に返してやれと促したところ、Aは、盗んでいないから、返すことはできない、と言って否認に転じ、以後否認を続けた。

同年四月五日に勤務先の焼却場の実況見分が行われたが、本件に関係する物件は発見されなかった。

## 2 自白した事情

Aは、第一回公判期日（同年三月二三日）において無罪の答弁をした。

検察官は、同年六月二二日、Aを貯金通帳の窃盗、私文書偽造、同行使、詐欺罪で追起訴した。

この間に、農協の窓口職員の取調べや貯金払戻請求書の筆跡鑑定などが行われたようであるが、犯人とAとの同一性を裏付ける資料は見つからなかった。

その後、公判で、Aは、追起訴事実についても無罪を主張した。そして、B及び勤務先会社社長に対する証人尋問及び被告人質問が行われ、同年一二月二一日審理を終結した。

公判での証拠調べの結果、審理を終えた段階では、Bの家には、上述したように、一階の駐車場に梯子が置いてあり、これを使えば二階の居住部分に侵入することが可能であることは、勿論判明した。また、そもそも、Aが犯人であれば、農協に確認したり、警察に届け出たりするようにBに勧めることは、不自然・不合理なことであるが、更にAは、勤務先会社から、一九九八年一二月二〇日にボーナス五三万円、同月三〇日、給料一三万円程度の支払を受けており、また、農協からBの貯金が引き出された同年一月八日の前日である一月七日に勤務先会社からの借入金二〇万円が同会社に返済されたことが明らかにされ、被告人の自白の内容は不自然・不合理であることが判明した。更に、勤務先会社の社長は証人として、上記ビデオに写っている人物は被告人とは違うと思うと証言した。

そして、被告人は、自白をした事情として、大略次のように供述した。すなわち、「警察官に犯人だと決め付けられ、『お前がやったんだろう』、『Bの家には鍵がないと入れん、鍵を持っているのはお前しかおらん』、『ビデオに写っている犯人がお前によく似ている、とBが言っている』などと追及された。ただ『やっていません』というしかなかったが、更に警察官から、『完全に証拠はあがっているんだ』などと言って怒鳴りつけられたり、机を叩いたりして脅された上、『今から会社と実家に捜索に行く』などとも言われた。田舎の実家を捜索されると、そのことが近所に知られるし、勤務先に警察官が捜索に行くと勤務先に迷惑がかかると悩む一方、やっていないといくら弁解しても警察官は一切信用してくれない、という絶望感から、自白してしまった」と。

## 3 真犯人の出現

前述したように、一九九九年一二月二一日に公判の審理を終わり、判決言渡期日が二〇〇〇（平成一二）年二月二五日と指定された。この間Aは、一年あまりの間勾留されたままであった。

ところが、言渡期日近くなって真犯人が他の警察に捕まり、この事件を自白した。そのため、判決言渡しを予定されていた日の四日前の二月二一日に検察官から弁論再開の請求がされ、勾留が取り消された。そして、その後弁論が再開され更に審理の結果、無罪の判決が言い渡され、一審で確定した。

本件のような場合、裁判所は無罪という結論に達していれば、勾留を取り消したり、非常に少額の保証金で保釈することにしてその準備を弁護人に促したりすべきものであり、また、実際にも必ずそうするであろう。ところが、この裁判所は、審理を終結してから二カ月近くを経過した言渡期日の直前まで、そのような措置を全く採らなかった。したがって、その時まで、裁判所が有罪判決をするつもりであったことは間違いない。

上述したような公判審理の状況（真犯人が現れるまでの状況）の下で、常識ある市民の判断を求めれば、おそらくすべての者が、「疑わしきは被告人の利益に」原則を知らされている限り、被告人を有罪にするに足りる十分な証拠はないとして、無罪の判決をすべきであるというであろう。ところが、この事件の審判に当たった裁判官は、「疑わしきは被告人の利益に」原則を知悉しているにもかかわらず、有罪の判決をするつもりであったとしか考えられない。無罪の判決が言い渡されるためには、真犯人が出現するという稀有の事態の発生を待たねばならなかった。言葉を変えれば、無罪の判決を獲得するために、被告人は無罪の立証をしなければならないのであり、その成否は、多分に真犯人の出現というような僥倖に依存しているのである。これは、無罪の発見を使命とする刑事訴訟にとって由々しい事態である。

どうしてそのような事態になっているのか、その分析は別項（第2部第2章）で行うことにしよう。

このように、「疑わしきは被告人の利益に」原則が反故にされている事例は、決して特殊なものではなく、むしろ一般的な事態であって、普通は泣き寝入りするか、あるいは、莫大な時間、労力及び経済的負担を費して、ようやく無罪判決を獲得しているのである。

本書起稿中、また、真犯人が現れた事例が報じられた。新聞報道によると、ある男性が二〇〇二年に強姦罪で起訴され懲役三年に処せられ受刑した事件について真犯人が現れ、富山地検高岡支部検察官はその男性について再審請求をするというのである。その男性は逮捕前の二日間の取調べにおいては被疑事実を否認し、三日目に自白して公判中も自白を維持していたが、富山地検次席検事の談話によると、「様々な証拠を総合的に判断して起訴したが、振り返ってみると、男性を犯人と特定する客観的な証拠はなかった。基本に忠実な捜査を怠り、客観的な証拠に対する問題意識が足りなかった」ということである（朝日新聞大阪版二〇〇七年一月二〇日朝刊）。しかし、最大の責任は、そのような証拠の不十分さを見抜けず、有罪判決をした裁判所（官）にあることはいうまでもない。次いで弁護人にも責任がある。ところが、これらの責任は取り上げられずに、もっぱら起訴した検察官の処置の当否が問題にされる。大新聞でさえこのような報道をするところに、わが国で実際に裁判をしているのは、捜査・訴追当局であるという病理現象が如実に現れているといってよいであろう。

次に、偶然の事情によって、無罪判決を獲得できたと思われる事例をもう一件紹介しておこう。

## 実例2 ある痴漢えん罪事件 否認すると四カ月も勾留

## 1　現行犯逮捕

被告人は、当時三一歳の会社員、被害者は、当時一四歳の中学二年生Aである。東京都内の私鉄線の電車内で起こった痴漢えん罪事件である。

公訴事実は、「被告人は、平成一五年二月二六日午前七時五四分ころから午前八時五分ころまでの間、西武新宿線鷺宮駅から高田馬場駅に至る間を進行中の電車内において、Aに対し、その臀部を下着の上から手で触るなどし、もって、公共の乗り物において、人を著しくしゅう恥させ、かつ、人に不安を覚えさせるような卑わいな行為をした」というもので、いわゆる迷惑防止条例違反である。

電車内で被告人に触られたと言うAと、鷺宮駅で電車のドアに背中を接して最後尾で乗車したところコートの裾がドアに挟まってしまい、コートを引っ張り出そうしていると目の前のAが「やめて下さい。触ったでしょう」言うので、痴漢に間違えられたと分かり、「コートがドアに挟まり引っ張り出そうとしていただけだ」と言ったという被告人との間で、口論になった。電車が高田馬場駅に着いてからも口論は続き、二人は、同駅事務室に行った。そこでも、被告人は、痴漢行為をしていないことを強調していた。すると、そこへ被告人のすぐ右側にいた女性のBが来て、「この人（被告人）は、ドアに挟まったコートを引っ張っていた。痴漢はやっていないと思う」という趣旨の申告をした。ところが、駅員は、Bを引き留めたり、身元や連絡先の確認をすることなく放置し、通勤途上であったためBも立ち去った。被告人は、駅員に猛烈に抗議し、Bのあとを追ったが見失った。被告人は、戸塚警察署に連行され、そこで現行犯逮捕され、その後勾留された。

## 2　一通もない自白調書

被告人は、捜査段階における取調べに対し一貫して被疑事実を否認し、自白調書は一通もない。反面、被告人は、取調べの当初から、捜査機関に対し、コートがドアに挟まり、これを引っ張り出そうとしていたことや、Bが駅事務室まで来て、その状況を申告してくれたことを説明していたが、その供述は一切調書に録取されていない。

被告人は、同年三月一八日東京地方裁判所に起訴された。

公判において、被告人は、勿論公訴事実を否認した。

公判において、弁護人は、被告人の左側にいた詰襟学生服を着た高校生風の男が真犯人である可能性が高い、といういわゆるアナザー・ストーリー（刑事裁判では、本来、弁護側の役割は検察側の立証を崩すだけでよいはずであるが、積極的に被告人が無罪である主張を展開する必要に迫られる。このため、多くのえん罪事件では、検察側が描く構図とは別の構図を示すことがある。このことをいう）を主張した。

被害者は、最初スカートが何回もめくれ上がる感触があり、その後、お尻の右側を手のひらで触られたので、犯人の腕を掴もうと思い、一旦犯人の右手を掴んだがすぐ離された、しかし、犯人の右袖を見たし、離された手の方向を見たら、被告人であった、と証言した。

被告人を有罪とする証拠は、この被害者の証言のみである。それは被告人の否認供述と対立している。混雑した乗り物内における痴漢事件においては、このように相対立する被害者と被告人との供述のみが実質上の証拠であるという事例が少なくない。むしろ、通例であるといってもよいかもしれない。

この事件の場合、被害者は、尻を触られた手のひらが被告人のものであることを視認しているのでもないようだし、離された手の方向を見たら被告人であったという供述だけでは、被告人の否認供述と対比して、犯人が被告人であると認定するに足りる十分な証拠があるとはいえない、という判断もできる。むしろそのように判断するのが健全な常識であるといえるのかもしれない。しかし、実際の裁判では、そう簡単にはいかない。被害者である証人の年齢、職業（身分）及び証言態度などにもよるが、この事件の被害女性のような証人の供述には高度の信用性があると認められるのが通例である。そして、被告人の否認供述に格別の破綻がなくても、被告人が有罪とされる蓋然性が高い。この事件も、他に特別の事情のない限り、そのような結末になるのが通例であるかもしれない。

しかし、この事件の場合には、特別の事情があった。弁護側は、被告人の起訴後、上述した目撃者B探しの活動を行ったところ、運良くBが名乗り出て、法廷で証言した。このようなことは、全く稀有のことである。Bは、被告人がドアに挟まれていたコートを引っ張っていて、痴漢行為はしていないと思うこと、そのことを申告しようと思って駅事務室に行ったが、相手にされなかった事情を証言した。

審理の結果、一審の東京地方裁判所は二〇〇四（平成一六）年五月一〇日の第一三回公判期日において、無罪の判決を言い渡し、この判決は一審限りで確定した。

被告人は、勾留中の二〇〇三（平成一五）年三月一八日に起訴されたことは上述した。公判審理は、当初被告人勾留のまま進められ、同年七月一六日の第四回公判期日において、被害者の証人尋問を行った後、同月二二日に漸く保釈により釈放された。保釈保証金は、二二〇万円であった。被告人の母が知人に借りて準備できた金額は一〇〇万円だけで、残額は、弁護人の保証書等でまかなった、という（それは、異例のことである）。

## 3 目撃者が現れなかったら

若干のコメントをしておこう。本件は、たまたま被告人とAとに近接して乗り合わせた女性客のBが、毅然とした、そして思いやりのある態度をとって、積極的に目撃状況を申告し、弁護側の目撃者探しに応じ、証人として証言したという稀有の事態によって、一審裁判所で無罪になり、その判決は確定した。

もし、Bが、このような行動をとらず、「われ関せず」という態度をとって現れ出なかったら（現われ出ないのが通常であろう）、事件の結末はどうなっていたであろうか。この無罪判決は、被害者Aの証言について、「その内容は、具体的・詳細で、不自然・不合理な点はなく、供述態度も真摯であるし、概ね一貫しており、臀部を触られたとの被害の核心部分は信用できる、しかし、被告人と犯人との同一性については、被害者が被告人のコートに触ったり、これを見たりしたという証言は決定的な証拠ではなく、また、犯人の腕を掴んだところ、それが被告人の腕であったという証言も、現認したわけではなく、正確性に疑問が残る、したがって、被害者の証言は、被告人が犯人であるとの決定的証拠ではない」という趣旨の判断を示しているようである。Aの証言に対して、このような判断ができるのであれば、目撃女性Bの出現を待つまでもなく、被告人は無罪とならざるを得ない。

もし、Bが駅事務室に出向いて申告することがなかったらという仮定に立って、この判決をした裁判所が具体的に、A証言についてどのような評価をし、どのような判決をしたかを予測するつもりはない。ただ、もしBが事件に関わることを拒否していたら、一般的にいって、わが国の裁判所では、この被告人は有罪の判決を受けるのが通常であろう、というのが筆者の偽らざる見方である。この事件についての以上の記載は、秋山賢三ほか編『痴漢犯罪の弁護』(現代人文社、二〇〇四年)の判例評釈4西武新宿線第2事件・一五二頁以下及び同事件判決・二二〇頁以下によったが、同書に収録されている全事件を参照してみれば、上記の見方に十分の根拠があることが明らかであろう。

## 4 身体拘束による測り知れない損害

しかも、この事件で、被告人は、無罪となったものの、四カ月あまりの間勾留され、警察の留置場ないし拘置所に身体を拘束され、二二〇万円という高額の保証金を積むことによって、はじめて保釈されたのである。そもそも、当事者主義の刑事裁判においては、罪証隠滅を理由とする被疑者・

被告人の身体拘束は許されないはずである。現行法上、罪証隠滅のおそれのあることを理由とする身体拘束がやむを得ないとしても、それは具体的事実に基づいて罪証を隠滅することが蓋然的に認められるべき場合に限られなければならない。ところが、被疑事実・公訴事実を争っているということだけで、罪証隠滅のおそれがあるとして勾留され、それが継続される。この事件のような軽微な犯罪についても(その法定刑は、各条例とも共通で、六カ月以下の懲役または五〇万円以下の罰金であろう)そうである。しかも、公訴事実を争っている限り、公判段階になっても保釈されない。本件の被告人も四カ月以上も保釈されなかった。若いサラリーマンは、四カ月も勾留されていたならば、勤務先は解雇され、収入の道は途絶えてしまうのである。たとえ、無罪判決を受けてもその身体拘束によって測り知れない損害を被るのである。

これがいわゆる人質司法であり、その病根は非常に深い。

## 実例3 鹿児島選挙違反事件 警察の強引な取調べを追認する検察

### 1 自白の信用性を否定

二〇〇七(平成一九)年二月二三日、鹿児島地裁(谷敏行裁判長)は、鹿児島選挙違反事件(志

布志事件ともいう）被告人一二人全員に無罪（求刑懲役一年一〇月〜六月）を言い渡した。検察側は控訴せず、無罪が確定した。

この事件は、判決前になって俄然世論の注目を浴び、無罪判決が言い渡され、検事控訴はなく確定した。次に見るような、違法取調べによる自白調書を任意性ありとして証拠採用していた裁判所が被告人を有罪としなかったのは、幸運というしかない。

裁判で浮き彫りになった取調べの実態を紹介する。このような取調べをベースにして、検察官は起訴しているのである。検察官が、このような警察の強引な取調べを追認したことは間違いない。

事件の概要は、二〇〇三（平成一五）年四月の鹿児島県議選をめぐり、鹿児島県議選に曽於郡区から立候補し、初当選した元県議とその妻が二〇〇三年二〜三月にかけて、同県志布志市の集落で会合を四回開き、有権者一一人に計一九一万円を渡して買収したとされる。

元県議とその妻が買収の罪で、住民一一人が被買収の罪で起訴された（一人は起訴後に死亡し、公訴棄却）。

一二人の被告人のうち元県議とその妻ら七人は、一貫して無罪を主張し続けた。残る五人は捜査段階で容疑を認めたが、いずれも公判段階で否認に転じ、公判では自白調書の内容が信用できるかどうかが最大の争点になった。

鹿児島地裁判決は、捜査段階でいったん自供した五被告の自白調書の信用性を否定した。四回あったとされる買収会合について「うち二回は存在しなかった」と断言し、残りの二回についても存在は不自然とし、事件の存在自体を事実上否定した。判決理由で裁判所は、「自白は客観的事実と相いれず信用できない。内容も説明困難な変遷を繰り返しており、取調官による強制や誘導があった可能性も払しょくできない。あるはずもない会合をあったかのように述べている」と指摘した。

裁判所は、このように認定したのであるが、その前に、この自白調書は、任意にされたものであり証拠能力があると判断して採用していた。「取調官による強制や誘導があった可能性」といいながら、任意性を認めるという、日本の現在の刑事裁判官の乱暴さの典型であろう。日本国憲法と刑事訴訟法は、「強制、拷問若しくは脅迫による自白」、「任意にされたものでない疑のある自白」は、証拠とすることができないとして、証拠能力を明確に否定しているのである。このような裁判官の姿勢が、違法な取調べ方法を蔓延させることになっているのである。裁判所による捜査のチェック機能はなきにひとしい、といわねばならない。

事件をもう少し詳細に見てみよう。

判決は、四回開かれたとされる買収会合のうち一回目（二〇〇三年二月八日）と四回目（同年三月二四日）の、元県議のアリバイについて検討し、「会合の現場から約二〇キロ離れたホテルであった同窓会などに出席していた」との元県議の主張を認め「会合に参加することは物理的に不可能」とした。

自白調書の信用性については「会合の回数や受け取った金額が取調べのたびに増えるなど、不自然な変遷がある」と強調した。「わずか七世帯しかない集落で四回も会合を開き、多額の現金を配ることに（投票依頼の上で）どれほどの実効性があるのかはなはだ疑問だ」とも述べた。

他方、元県議の共犯であるとして逮捕されたホテル経営者Kさんについては、検察官は立件困難のためさすがに起訴猶予処分とせざるを得なかったが、その取調べたるや、言語道断というしかない。Kさんは、取調べ中に「取調官に親族の名前を書いた紙を無理やり踏まされ、自白を強要された」として県を相手に、県警の違法行為による国家賠償請求の訴訟を起こした。踏み字訴訟といわれている。無罪判決に先立つ二〇〇七年一月一八日に、裁判所は、「取調官は公権力をかさに着てKさんを侮辱した」と、取調べの違法性を認めて県に六〇万円の賠償を命令した。県は控訴を断念し、この判決は確定した。

この他にも民事訴訟がある。取調官が弁護人と接見した被疑者を取り調べ、接見内容を調書に記録したのである。これは、被疑者は弁護人と秘密に接見できるという「秘密交通権」の侵害である。被告人の弁護人一一人が、国と県を提訴している。捜査の対象となった八人も「自白を強要された」として県を提訴している。

## 2 厳しい連日・連夜の取調べ

「踏み字訴訟」の原告であるKさん（元県議とは親戚関係にある）の取調べは、以下のような屈辱的なものである。

Kさんは、元県議が当選した翌日、鹿児島県警の三人の刑事が突然やってきて警察署に連行された。

Kさんを取調べたH刑事は、いきなり「なんでそこに座っているのか意味が分かるだろう」と怒鳴りながら机を強くたたいた。Kさんは必死になって真実を述べ買収容疑を否認した。H刑事は「うそをつくな」と繰り返し、大声で怒鳴ったり机をたたく取調べを朝八時から夜一一時まで連日続けたのである。

「弁護士をよんでくれ」とKさんがいうと、H刑事は、Kさんの足元にKさんの親族の名前などを書いた三枚の紙を置いて、Kさんの否認がこれらの人に迷惑をかけることになる、「反省しろ」と言い取調室を出ていった。H刑事は、しばらくして戻ってきて、なおも否認を続けるKさんに「このワロ（野郎）は、血も涙もないやつだ。親や孫を踏みつけるやつだ」と言って、Kさんの足を何回も持ち上げ、この紙をなんども踏みつけさせたのである。

こうした違法取調べが一週間も続いた。Kさんは、幸い強引な取調べに屈することがなかった。しかし、警察は、Kさんの自供がとれないとみるや、親戚関係から周辺の人々へ、捜査の手をひろげていった。元県議の経営する農場で畑仕事をしていたYさんは、合計八一日、合計四〇〇時間にも及ぶ取調べを受けた。最初は、否認していたが、刑事は全く弁解を聞き入ず、「否認をつづければあなたの財産はなくなる」、「貰っていないなら証拠を出せ」、「どうせお前達は見捨てられる」などと脅迫し、無理難題を吹きかけて自白を迫った。Yさんは、とうとう自暴自棄になり、全く身に覚えのない虚偽事実を認めさせられてしまったのである。

このほか、厳しい連日・連夜の取調べで体調を崩して入院した人、取調べに耐えられなくなって自殺をはかった人もいる。

## 3 なかなか認められない保釈

他の否認事件と同様、この事件でも、裁判官は勾留取り消し、保釈許可を長期にわたって拒んだ。このため、起訴後の勾留期間は、極めて長期に及んだ。

第二回公判で公訴事実を争わなかった三人の被告人が、保釈を許可された。勾留日数は六〇日を超えていた。一貫して否認した被告人は、検察官立証がほぼ終了した第九回公判の後にやっと保釈が許可された。勾留日数は一五〇日を超えていた。元県議の妻の勾留日数は、二七三日と長期にわたった。元県議は、九回にも及ぶ保釈請求の末、ようやく保釈された。勾留日数は六九五日に及んでいた。

注目すべきは、勾留日数の長短が、自白しているか、否認しているかによって異なったという点である。日本の刑事裁判官は、否認する被告人の保釈を容易に認めようとしない「人質司法」の担い手なのである。因みに、刑事訴訟法は、本件のような事件は保釈請求があったときは保釈しなければならない、と規定しているのである。

ところが、裁判官は、この例外として「罪証隠滅のおそれ」があるときは保釈しないでもよいとする刑事訴訟法の規定を濫用して、否認の被告人を勾留し続けるのである。本件のような無罪事件でさえ、「人質司法」は跋扈し、裁判官はこれに呪縛されている。まして、否認し有罪判決を受ける被告人の保釈は、容易でないばかりか、否認ゆえに反省がないとして実刑を覚悟しなければならないのが、悲しむべき裁判の実状なのである（以上は日本弁護士連合会編『可視化でなくそう！

違法な取調べ』〔現代人文社、二〇〇五年〕、シンポジウム「検証！　冤罪志布志事件」〔二〇〇七年四月七日。鹿児島県弁護士会ほか主催〕での発言などを参照した）。

# 実例4　奈良医大事件　「人質司法」の罠

## 1　はじめに

この事件は、二〇〇〇（平成一二）年一一月、奈良医大の教授が医師派遣の見返りに大阪市内のいくつかの病院から金品を受け取ったとする贈収賄事件として、新聞各紙によって報道されたものである。

石田文之祐医師は、教授とともに、贈賄側として起訴された。石田医師は、贈賄の認識のないこと、医局医師を派遣した教授の行為が賄賂罪の職務行為にあたらないこと、などを争った。一審は、職務行為にあたるかどうかについて、法令上根拠のない医局に属する医師を派遣する行為を職務密接関連行為と認定するとともに、ほぼ検察側の主張どおり贈賄の認識を認定し、有罪判決を下した。石田医師は最高裁まで争ったが、最高裁は、一審・控訴審とほぼ同様な判断をし、有罪判決（懲役一年六月、執行猶予三年）が確定した。

最高裁の判断は、職務密接関連行為に関してはロッキード事件最高裁判決を踏襲したものである（中森喜彦「医局医師の派遣行為につき賄賂罪における職務関連性が認められた事例」〔ジュリスト臨時増刊・平成一八年度重要判例解説〕、松宮孝明「医員派遣に関する汚職」〔別冊ジュリスト・医事法判例百選〕など）。

しかし、職務の公正と社会一般の信頼を要求される政治家の場合に、とくに職務密接関連行為として職務権限の範囲を拡大することはやむを得ないとしても、教授の医局医師の派遣行為にまで拡大することは、処罰範囲をいたずらに拡大するもので、罪刑法定主義に反するものと思われる。

この実例は、真犯人が出たとか、事実が存在しないなどという、耳目を集めるえん罪事件ではない。しかし、このような法律知識の無知に乗じて自白に陥れる検察捜査を無批判に肯定する裁判は、数多くある。むしろ、この種の事件はマスコミでも取り上げられず、刑事司法の病理の海に数多く沈んでいるのではないか。以下では、石田医師を長期間拘束して「贈賄の認識」を強引に認めさせようとした検察捜査のあり方を検証し、「人質司法」の罠を浮き彫りにする。なお、以下の関係者の氏名と病院名は、石田医師と東朋病院以外は、すべて仮名である。

## 2 賄賂とされた寄付

### ① 医師確保のために奈良医大へ

石田医師が理事長を務めていた医療法人気象会は、一九八一（昭和五六）年に開設された東朋病院を母体として、事件当時は大阪市都島区の東朋病院（一〇〇床）、大阪府八尾市の東朋八尾病院

（九四床）、奈良県香芝市の東朋香芝病院（当時一五四床）の三つの病院から成っていた。一九九七（平成九）年に東朋香芝病院が開設され、医師確保のため、地元の奈良医大を訪れることが多くなった。

石田医師が、奈良医大の各教室に医師派遣のための斡旋をして貰いたいと依頼に行った一人が、当時大阪市にあった山崎病院の本部長水沢昭市（後に、東朋病院の相談役となるので、以下では相談役とする）であった。ここには、多数の奈良医大からの派遣医師が勤務していた。水沢相談役は、一九九七（平成九）年四月の東朋香芝病院開設には間に合わなかったが、この年の秋には、山形幸治教授（収賄側）を含めた教室の主要メンバーと東朋香芝病院の役員が橿原市の焼肉店で顔合わせをした後に、翌年より医局員一名の派遣と、その謝礼月額一〇万円を決めて来た。勘定科目や税金等の取扱の説明もない大雑把な話であったが、早急な医師確保を期待していただけに、石田医師は断る理由もなかった。

一九九七年一一月二八日夜、大阪・難波の料理店で、山形教授、水沢相談役と石田医師の三人で顔を合わせて、先の一〇万円の額を確認し、石田医師は銀行振込みの申出を了承した。ここでも勘定科目等の詳しい話は出なかったが、経理上の難しい話はコンサルタントや事務職員頼りで、石田医師はその方面に疎かったので、そちらが処理してくれるものと考えていた。支払いも銀行振込みということであるから、そのときは人目に触れてはまずい問題を伴うようなものとは全く予想しなかった。

## ② 奈良医大救急医学教室への寄付

その後、数日以内に水沢相談役を通じて、一枚の書面が届いた。それは、「研究費等寄付金承認申請書」と題し、申請者氏名欄、寄付金額及び寄付の目的欄が既に山形教授の書体で記入された書面で、石田医師は寄付者の住所及び氏名欄に記入すればよいようになっていた。書類は、救急医学教室に寄付したい旨を奈良医大学長に申請し、許可を求めるものであった。

石田医師は振込先として「救急医学講座代表山形幸治」と示されたメモ用紙に従って、経理より毎月一〇万円、途中から二〇万円の振込みをした。金額が途中で変更されたのは医師派遣が二名となったためで、特に話し合いというものはなく、ほとんど自動的になされた。

しかし、この一〇万円から二〇万円となった月々の振込みは、一九九九（平成一一）年一二月より、山形教授の申し出により寄付を中止して給与として振込まれることになった。このことが、裁判で問題にされることになった。この振込みは翌二〇〇〇（平成一二）年三月で山形教授が奈良医大を退官し、大阪市内の大阪福祉会（仮名）病院に勤務を移した後も、今回の事件が起きて東朋香芝病院のアルバイト勤務をやめるまで続いた。検察は、この二〇〇〇年三月までに振込まれた総額五〇〇万円を贈賄として起訴し、裁判所もそれを認定した。

## ③ 奈良医大関係者へのお歳暮

以上が振込みの経過であるが、さらに検察が追及したもう一つの問題があった。

一九九八（平成一〇）年四月より前病院勤務のまま、東朋香芝病院にパート勤務を始めていた水沢相談役は、同年一一月からは全面的に常勤者として東朋香芝病院勤務を始めていた。担当は主として奈良医大との交渉であった。

石田医師は、その彼が年末に奈良医大に歳暮を持って挨拶に行きたいと言ったので、それまでは事務長の秋田新太郎の役割であったが、挨拶回りの役を水沢相談役に替えた。実は、その年の夏、水沢相談役はまだパート勤務であったが、中元を持って秋田事務長が奈良医大に行ったことを「奈良医大には手出しをするな」と怒ったことがあり、今度は水沢相談役に全面的にまかせることになった。

大学関係者に合わせて五〇万円、役所関係や周辺の業者に全体として二〇万円、総額七〇万円の予算をつけた。

石田医師は、経理の南田和恵に水沢相談役から連絡があれば、七〇万円を用立てるように電話連絡した。石田医師は、少し高いかなとも考えたが、それは贈収賄の違法性を意識してではなく、経営的な出費を考えてのことであったという。

その頃、気象会三病院（東朋病院・東朋八尾病院・東朋香芝病院）の年末の挨拶として、一般業者、役所、施設等に使う総予算が丁度七〇万円くらいであった。

そのとき、石田医師は奈良医大の先生方一〇数名の予算として五〇万円は多いとも思ったが、教授に手術を頼めば数一〇万から数一〇〇万円のお礼もあると言われ、大学病院や市内の大病院では、入院に際して、受持医への謝礼が数万円といわれる世界で、たとえ、年末の挨拶とはいえ、数千円程度のお茶菓子では水沢相談役の顔を潰すだろうと考えた。医師の世界が一般社会の常識から離れているのではないかとの批判は当然であるが、刑事責任まで問うべきものであろうか。顔を潰さない程度の予算として決めた額であったが、相手の名前もそれぞれの金額指定も一切水沢相談役任せにして、石田医師は指図しなかった。

この背景には、石田医師にとって、脳外科医の確保の必要性だけでなく、香芝市並びに周辺には基幹病院がなく、東朋香芝病院は立地条件も良く、早くから増床の申請をしており、気象会三病院の中でも香芝病院は最も期待するところの多い病院であったからである。頼りとする水沢相談役が、少しでも奈良医大で動きやすいようにという配慮であった。しかし、取調べに入ってから解ったことだが、大学関係者に用意した合わせて五〇万円は山形教授一人に渡されていて、この件でも石田医師と山形教授は起訴されることになった。

石田医師は、以上の二つの公訴事実で起訴された。同時に山形教授も同じ罪状で起訴された。ここには、ひとつの疑問が残る。なぜ、山形教授との関係をつくる上で重要な仲介者である水沢相談役が起訴されなかったかである。

## 3　検察のストーリーを一方的に押し付ける検察官

二〇〇〇（平成一二）年一一月、奈良医大の山形教授と大阪市内の病院院長の名前が新聞各紙によって報道された。医師派遣の見返りに山形教授の口座に金銭が振り込まれたというのがその主な内容であった。その後、大阪の別の病院や奈良県下の二・三の病院の名前も挙がってきた。その間、東朋病院の職員も次々に検察からの呼出しがあったので、石田医師も取調べられるだろうとは思ったが、新聞に出た容疑が、月々の振込みは教授個人に渡された賄賂ではなかったかを追及するものであったから、いささかの危惧も持たなかった。しかし、同年一一月九日、大阪地方検察庁の検察官によって、石田医師は山形教授に対する贈賄の容疑で逮捕され、そのまま勾留されて一二月二〇日まで四二日間拘束された。

石田医師によれば、取調べを担当した大阪地検特捜部の若い検察官は、社会正義に燃えて意欲も充溢《じゅういつ》した人物であったが、石田医師の言い分には耳を一切貸さずに、自分らの主張を押しつけてくるだけだった。

それでも、総額五〇〇万円の振込みの件に関しては、石田医師は自分の主張を通そうとした。石田医師は、法的なことにも経営的なことにも病院経営者としては疎い方で解らないことが多すぎて迷いに迷ったが、贈賄の認識をもって一〇万円～二〇万円を振込んだという事実は絶対に認めないと堅く心に決めていた。しかし、石田医師は、検察官も人の子だ、何でもかんでも否定して主張を通せば悪感情を残すだろうと思って、その他のことについてはできる限り認めるか許容するか無視しようと考えた。そうでもしないと担当検察官の勢いは収まるものではなかったからである。しかし、後の公判でわかったことは、それは余りにも甘い見通しであった。裁判所は、ほぼ検察の主張どおりの有罪認定に終始した。有罪判決は、どんな些細なことでも有罪に有利なものは拾いまくり、不利なものは事実であっても客観的なものであっても無視することが解った。

しかし、石田医師は拘束されていた当時は、取調べの意欲に燃え、検察のストーリーを一方的に押し付けてくる検察官にはそれしか通じないと思い、振込みの贈賄の事実さえ認めなければ裁判で闘えると考えた。

それでも、石田医師は途中から、妥協し過ぎて検察官の作文した供述調書に署名しているのではないのだろうかという不安を感じるようになった。

思い直して、検察官の打ったワープロの文章を、時間をかけて何回も何回も点検するようになった。検察官から、供述調書の用紙に眼で穴を開けるつもりかと皮肉られることもあった。誘導は別として暴力は勿論、脅しとか、騙しとかは余りなかったが、筆記用具やメモ用紙がなく、一旦、署名した供述調書には再び目を通す機会はなく、前日までの供述の内容を押し付けられたり、こちらの無知に付け込まれて検察官の主張を認めさせられたりして、歪められた供述調書ができあがっていった。

供述調書に関する検察官とのやりとりで、言葉の選択や表現の妥当性の判断は、自由を奪われて長時間の一方的な取調べ受けていた石田医師にとって、本当に辛かったといえる。また「昨日は認めたではないか」とか「そんなこと、あなたが知らない訳はないでしょう」という検察官の追及にも、石田医師の気持ちが怯んでしまう。思い余って、石田医師が喋るからそのままワープロを打ってくれといったが、それは拒まれた。

供述調書は、被疑者が言ったことをそのまま書いていると一般には思われているが、ほとんどは、検察官が被疑者に成り変わって一人称独白型で検察官が作文するものである。

「そもそも一人の人間の主張や思いを他人が代って書くなどということは間違っている。自分ですらそれを文字にしようとするなら大変な作業である。検察官や裁判官でも、自分が文章を書く時のことを考えれば解るだろう。消したり、追加したり訂正等を繰り返すだろう。密室の中で長時間の取調べの末にできあがる供述調書を尊重する日本の司法は、最初から人を裁く司法になっていない」と石田医師は、検察官による供述調書の作り方を批判する。

一二月に入って、年末の五〇万円の歳暮の取調べになった。検察官は、この五〇万円は奈良医大の多数の医師を対象としたものでなく、山形教授一人に渡したものではないかと追及した。事実、山形教授個人に渡っていたものであるが、それは石田医師の知らないことであった。しばらくは振込みの取調べの時のような調子で検察官の主張を意に介さず否定したが、逮捕・勾留三〇日目頃から大きな問題に出くわした。

## 4 病院長の長期不在で病院はどうなるか

石田医師は医師であると同時に、三病院の経営・管理を背負った理事長兼病院長（経営者）でもあった。石田医師が逮捕時よりもっとも気になっていたことは、いつ身体拘束が解かれるかであった。

中小の病院では、全ての部に大病院のようにそれぞれ専門職をきめ細かく揃えることは困難で、医師である理事長は経営全般をみながら外来をこなし、手術の麻酔を受け持ったり、場合によっては顕微鏡を覗いたりする。さらに、患者との問題が起きると出番を要請されたり、資金繰りのため銀行に出かけたり、医師の外来や回診の不足部分を補ったりして経営管理を維持している。

こんな状態であるから、中小の病院では、病院長の長期の不在は、倒産という最悪の事態も予想される。石田医師にのし掛かる問題は、救急病院としての診療体制の後衛が手薄になるだけでなく、金銭的にも無一文になるだけでは済まないことであった。もし一〇億円を超えるような負債を残せば自分の人生は厄介者でしかない。

幸い弁護人を介して知った病院の情報などには問題はなさそうだったが、石田医師自身の眼でしか見られない情報は入って来るわけはない。

接見に来る弁護人は最初の頃は、「勾留は一〇日間になっています」とか、「勾留延長でさらに一〇日間となります」とか、初めて取調べを受ける被疑者の気持に神経を使い、型通りのことしか説明しなかったが、この頃になると、被疑者のある程度の諦めも計算して、取調べの実態を説明するようになっていた。

犯罪事実は細分化でき、理論上は、勾留は半永久的に延長できる。保釈は罪証隠滅と逃亡のおそれのない場合、検察官の同意があって初めて可能であることを聞かされた。「取調べが終わっても保釈されないときは被疑者は何をするのか」という石田医師の問いに対して弁護人は、「何もしない」と答えるのみであった。

これでは検察官の意に沿わなければ保釈は到底不可能である。

弁護人の説明では、保釈の次の可能性は再逮捕の勾留延長の終了時、即ち、逮捕・勾留から四二日目ということになる。もしそれが叶わなければその次の機会は第一回の公判だという。

「公判の時期はいつになりますか」という石田医師の質問に対して、弁護人は「遅ければ来年の春ぐらいだろうか」という回答であった。

弁護人のこの回答は、石田医師にとってかなり衝撃的であった。病院はどうなるか、経営者がいない三つの病院は糸の切れた凧だ。

石田医師は、一〇日や二週間の不在で病院が傾くとは思わなかったが、来年の春となるとかなり絶望的だと思った。

石田医師はこの時の気持ちをこう振り返る。

「もし、検察の主張を全面的に認めて、公判でも否認せず罪を認め、有罪判決としても執行猶予はつきそうだ。勿論そのことは個人にとって大変不名誉なことだ。大事に育ててくれた人、教育をしてくれた人達、期待してくれた人達のことを考えると慙愧《ざんき》に耐えない。

しかし、病院を潰したら私の不名誉だけでは済まない。多くの人達に多大の迷惑がかかるだろう。たとえ無罪になって私の名誉が保てても、それは裁判という場での話である。

本来の人間の行動の規範は裁判以上のものであるはずである。道徳、誠意、信頼……、とつぎつぎに言葉がよぎった。私の場合は贈賄という不名誉よりも倒産の不名誉を避けるべきではないか。この場に臨んで一番願うことはせめて、四二日で保釈されて裁判で闘うことであったが、そのためには五〇万円の行方について検察官の主張を認める他ないのではないか」。

判決の言う「捜査段階の被告人の供述に特段不自然な点は窺われず、かつ弁護人から十分法的アドバイスを受けていたと認められ、十分信用できる……」というのは、故意にこうした取調べの実態から目を背けた結果である。

有罪でもおそらく執行猶予付きだろう。病院を守らなければならない。これが最後の決断となった。

石田医師は再逮捕後の勾留の延長期間の切れる丁度一週間前の一二月一三日、今までの供述を翻して、五〇万円は山形教授個人に供与したと書かれてあるはずの検察官作成の供述調書に署名した。そのとき書面には目を通さなかった。

## 5 検察側の主張をなぞる裁判所

裁判では、全面的に否認して争った。

公判が始まって、振込みを受けた側の事情も供述調書と公判の証言から少しずつ解ってきた。「研究費等寄付金承認申請書」は、学長まで届いていなかったこと（現在でも、その所在は不明）。寄付金として毎月一〇万円（途中から二〇万円）振込んだ、総額五〇〇万円は、山形教授が私的に使っていたこと、年末の挨拶として奈良医大用に用意した五〇万円は、山形教授一人に渡っていたことなどである。

### ① 寄付か給与か

公判では様々な争点があったが、総額五〇〇万円の振込みを中心に紹介する。

判決が最も強調したのは、一九九九（平成一一）年一二月より振込口座が教室代表山形幸治より山形教授の個人口座に振替られたことであった。

東朋病院の秋田事務長の説明では、山形教授の口座変更の理由は、一度に五万円しか引出せないことと、手続に時間を要するからであるとのことであった。公判での証言も同様であった。また、源泉徴収して貰っても構わないという山形教授の了承も合わせて報告していた。

公判に提出された秋田事務長の供述調書によると、給与明細書にはアルバイトとしての給料三〇万円とは段を変えて増額分の二〇万円を記入するという了解も、二人の間ではなされていた。この点について秋田事務長は、担当の検察官に執拗に問い質され、嘘を言ったら承知しない、同じように拘置所に入れると脅かされていたが、彼は検察官が勾留中の山形教授に確認するため小一時間取調べが中止されたとも話している。戻って来た検察官は、秋田事務長の「どうでしたか？」という問いには、まともに答えなかったということである。残念ながら、石田医師の裁判に検察官側証人として出廷した山形教授は、その時はなお勾留中で「覚えていない」と証言した。これは当然検察の圧力がかかったものと考えられる。しかし、否定はしなかった。

一審、控訴審の判決は、石田医師が秋田事務長より口座変更についてずっとあとに報告を受けたときのことに関して、つぎのように認定している。「異議を述べることはなかったことが認められるのであって、被告人において、『救急医学講座代表山形幸治』名義の普通預金口座へ振り込まれていた金銭と一見して明らかに山形個人の普通預金口座であるところの山形幸治名義の普通預金口座へ振り込まれていた金銭の間に質的な差を感じていなかったと推認できる」、「特に異を挟むことなく、直ちにこれを了承している」。しかし、石田医師は、その是非について理由は後に述べるが、即決できなかっただけである。了承しているというのは石田医師の発言ではなく、秋田事務長の判断である。そもそも給与と寄付を取り替えるような秋田事務長の判断は間違っているのは当然のことであるが、事情に通じていない事務長が、口座変更の理由を教授から説明されて、給与として振込むが、実際は教室の費用として使って貰うと考えたとしても、それなりに筋は通っている。少なくとも事務長の意識では贈賄の認識がないことも解るし、贈賄に加担しているという認識のないことも解る。

石田医師は、報告が遅れたことでは秋田事務長を叱るべきだったかもしれないが、個人口座への変更は大学にすれば寄付の中止になること、また週一単位の外来診察で月額約五〇万円（アルバイト医師としての給料三〇万円に二〇万円を上乗せした額）の支払は、給与の額として妥当と言えるかどうかなど取扱の是非についての即断ができず、注意することも、叱ることもできなかった。とり合えず山形教授の意思に間違いのないことを確かめて、給与として出したのだから、源泉徴収を忘れないようにと念を押したという。控訴審は、石田医師が注意するなり叱るなり、元へ戻すように指示しなかったことを捉えて、「直ちにこれを了承している」と認定しているが、これは事実ではない。

石田医師には、秋田事務長の話を聞いて即断できなかったが、結局、後になって落ち着いたところは、山形教授の希望であり秋田事務長も了承したことなら、日も経ってからのことであるし今更元に戻したくない気持があった。結果的には、石田医師はこの処理を認めることになった。今まで振り込んでいた月々一〇万円（途中から二〇万円）の寄付は中止され、一九九九年一二月以降は、教授の週一回の外来担当の今までのアルバイト医師としての給料に二〇万円を上乗せした額が教授の報酬となった。

公判で秋田事務長は、裁判長の尋問にも形式的には給料、実質は教室に対する寄付と答えている。自ら取った手続に対する理解が充分でないとしても、秋田事務長は、山形教授の要求どおり医師派遣の便宜の見返りに二〇万円を給与として振込むが、用途は教室の費用と考えていた。彼の認識なり意向から見返りという言葉だけを取り上げて、石田医師の取った処置に付け換えるのは意図的な言葉の悪用である。

## ② 給与アップの背景

山形教授は奈良医大退官後、大阪市内の大阪福祉会病院に就職したが、石田医師は、週一単位の東朋香芝病院での勤務について同じように報酬を支払ってきた。医師派遣の見返りであれば、その権限の喪失と同時に消滅するはずである。更に、翌年四月からの勤務を決めるのに、年末に条件提示となった背景事情には次のようなことがあった。

香芝病院の開設前より院外の人材確保で最も貢献していたのは水沢相談役であった。既に述べたように、石田医師が奈良医大の取次ぎを最初に水沢相談役に依頼したのは、まだ彼が大阪市内の山崎病院の本部長として勤務していた頃であった。最初は助言者として、次いでパート勤務者として次第に勤務の重心を東朋香芝病院に移し、一九九八(平成一〇)年一一月からは常勤者として勤務していたが、一九九九年一一月に、増築に絡む予算の規模と彼の処遇・役割で、石田医師が水沢相談役の希望を容れないことを不満として退職してしまった。

二〇〇〇(平成一二)年三月に山形教授は奈良医大を退官することになっていた。石田医師は、山形教授の退官以降、水沢相談役も完全にいなくなる病院で、今までどおりの月額約三〇万円前後となる額のパート勤務料のままで、山形教授を引き止めることができるかどうか考えたが、否定的であった。山形教授の新しい就職先と噂される病院は、奈良県と反対側の大阪市内の病院であったからである。

山形教授にパート勤務ながら東朋香芝病院の勤務を続けて貰えれば、少なくとも奈良県内では信用度の問題を初めとして、香芝病院にとって非常に有益であると考えていた。給与として五〇万円を支払うにはほとんど抵抗はなかったし、事情に明るい職員も賛成であった。

また、医師派遣や就職先をめぐっての医学部や医療界では、常勤者であれば少し遅きに失するが、大物医師をアルバイトとして招聘したり、交渉するには、この一一月から一二月にかけては丁度良い時宜であった。結局、石田医師はそのように考えて、秋田事務長が決めてしまっていたことを、日がたってからのことであるが、自分なりに了承した。しかし、それは秋田事務長の説明にある医師派遣のお礼ではなく、文字通り給与として支払うことであった。

山形教授に関しては、奈良医大在職中も、退官後の大阪福祉会病院就職後も、東朋香芝病院の勤務形態にも報酬にも変りがない。

起訴状と判決では、二〇〇〇（平成一二）年三月で贈賄行為を打ち切っている。同種のものでもさすがに公務員を離れては贈収賄は問えないからであろう。三月で打ち切った理由は、報酬について石田医師と山形教授が「協議した」からであるという。しかし、判決は協議の中身を説明していない。

実務上、問題があるとすれば、寄付行為の相手方である大学の受取り方と週一単位、月額五〇万円の報酬額の妥当性に関する税務上の問題だけであった。判決は、秋田事務長の贈賄の認識のない見解から見返りという言葉だけを取り出して、石田医師の給与であるという主張を否定している。石田医師がこの問題で、秋田事務長と話し合ったことは一度もなかった。

実際に寄付申請書が学長まで届いてなかったわけであるが、石田医師を有罪と認定するためには、当然、寄付申請書の偽造や謀議に、石田医師が関わったとする証明が必要である。

## ③ 五〇万円の行方と賄賂性について

石田医師は水沢相談役が世話になった多数の先生方への挨拶のために五〇万円を用意したと主張したが、水沢相談役は石田医師が山形教授個人に五〇万円を渡すことを了承したと証言し、真っ向から対立している。振込みと違ってどちらの主張にも、客観的証拠はなにひとつない。しかし、判決文は、水沢相談役の証言を採用し、石田医師の主張を退けている。

判決は、起訴状どおり、水沢相談役を石田医師との共謀者と認定している。山崎病院の贈収賄も気象会の振込みも、五〇万円の提供も全て、彼の計画とお膳立てでなされている。共謀者もしくは主犯を免責して、その証言を一方的に採り、共謀とされる片方の主張を退けるのは、極めて不公平・不公正で納得できるものではない。また、水沢相談役が起訴されなかったのは、水沢相談役に石田医師の贈賄の意思を証言させるために、検察が行った「司法取引」といっておそらく間違いがないだろう。

## 6 「人質司法」の網

石田医師の検察の取調べ段階の供述調書は、残念ながら公判で主張したようになっていない。五〇万円の振込みに関しては、検察官の用意してきた作文にそのまま署名している。世にいう「人質司法」の網から逃れられなかったのである。

石田医師は、そのときのことを振り返ってこうのべる。

「私のあの当時の状況と能力では真実を枉げてそのような供述調書に署名するより他に方法はなかった。

生来の気の弱さ、経営者としての心配性、法的な無知、検察官の能力に対しての劣性、私の社会的立場、持病の高血圧や糖尿病……等多くの要因が考えられるが、意識的に一番苦慮したのは『勾留期間と病院経営の危険度（リスク）』であった。病院開設以来二〇年近く、二晩も大阪を留守にしたのは一回だけ、一晩の留守は数回という、ほとんど病院べったりの生活をしてきた。私は長期に病院を離れることなどできない立場であった。東朋病院と同じ事件で起訴された山崎病院は数ヵ月後人手に渡った。詳細については不明だが、この事件も原因の一つに違いない。中小病院の経営管理も決して楽なものではない。再び同様の災難に襲われても私は同じ選択をして、検察官作文の供述調書に署名するだろう」。

# 第2章　えん罪を生む捜査と裁判のしくみ

えん罪の原因については、第1部でも明らかにしたが、ここでは、もうすこし詳しくみておく。一九八〇年代に、死刑四事件が再審無罪になり、えん罪の原因として、自白獲得の捜査、人質司法、証拠開示の不徹底、調書裁判など指摘されたが、いまだ変化の兆しはない。

## ①　自白獲得中心の取調べ

えん罪の原因として、まず捜査のあり方が指摘される。日本の捜査の中心は、何よりも自白獲得が捜査の目的となるような「人から証へ」（自白強制を伴う自白中心の捜査）の運用で、あるべき捜査の「証から人へ」（自白強制を伴わない客観的捜査）の運用ではないことが上げられる。

えん罪が起こるたびに、自白獲得の取調べ手法が批判されてきたが、捜査側からはいまだ改善の声はあがっていないばかりか、「真実は被疑者と捜査官の一対一の信頼関係から明らかになる」といって現在の、自白獲得の取調べ手法を称賛する捜査関係者もいるほどである。

捜査機関が被疑者を手元において支配・管理できる代用監獄は、自白獲得を制度的に担保するものである。国際的批判を受けても、日本政府は廃止しようとしていない。

宇和島事件（詳しくは、第2部第1章本書実例1参照）では、判決の直前になって真犯人があらわれた。今年三月に報道された富山えん罪事件では、虚偽自白が公判でも見逃され、刑が確定し、服役後に真犯人が現れた。

また、二〇〇六年四月、愛知県警の「被疑者取調べ要領」（二〇〇一年一〇月四日）が明るみに出たが、そこには、「調べ室に入ったら自供させるまで出るな」、「被疑者の言うことを聞いて、ひょっとしてそれが正しいなどと思ってはならない」と書いてある。この「被疑者取調べ要領」は、まさに自白獲得を目指す捜査を浮き彫りにした（朝日新聞二〇〇六年四月一三日付朝刊）。

さらに、二〇〇七年三月に無罪判決があった鹿児島選挙違反事件（詳しくは、第2部第1章実例3参照）では、警察官がキリシタン弾圧を思わせる「踏み字」を強制したり、取調室から口裏合わせの携帯電話をかけさせたり、「叩き割り」と称する取調べで自殺を図った者まで出た。被告人一三名中実に六名が虚偽自白するという苛酷な取調べであった。

## ② 人質司法

一般には、耳慣れない言葉であるが、簡単にいうと捜査機関の筋書きどおりに被疑者が「自白」しないと、被疑者をいつまでも拘束し続けることである。そのため、多くの被疑者が、家族や仕事のことが心配で、早く留置場から出たいという気持ちがまさり、公判のときに否認すればよいと考えて捜査機関がいうことを認めてしまうことになる。この長期の身体拘束を利用して自白をせまることを人質司法とよんでいるのである。

自白獲得のために、被疑者は長期間拘束され、逮捕後の勾留とその延長は常態化している。さらに、別件による再逮捕・勾留の繰り返しによって、法定された最大二三日間（これでも長期間であるが）の起訴前拘束期間を逸脱することもしばしばである。

これに拍車をかけるのが、起訴後の勾留である。起訴後は、保釈制度があるにもかかわらず、裁判所は、検察側が主張する「証拠隠滅のおそれ」という理由で、安易に保釈請求を却下する。ほとんどの場合、公判での証拠調べが終わらないと保釈されることがない。

刑事訴訟法の条文にもかかわらず、保釈許可の前提として被告人が公訴事実を争わないことが事実上の条件となっており、被告人が否認すれば通常、長期間にわって勾留される。その傾向は最近、悪化の一途を辿っている。

電車の中の「痴漢えん罪事件」で、女の子に触ったという容疑を認めたら、その日の内に帰れる。認めなかったら起訴後も何カ月にもわたって勾留されるというのは、事実上の供述強制である。

その経過を司法統計に従って追ってみると、つぎのとおりである。

まず、勾留請求に対する却下率の高かったのは、一九六九（昭和四四）年の前後であり、一九六八（昭和四三）年は四・五七%、一九六九年は五・〇〇%、一九七〇（昭和四五）年は、三・七六%であった。しかし、その後急激に低下し、一九七五（昭和五〇）年は一・六〇%となり、以後一〇年ごとの却下率は、〇・五四%、〇・五〇%と変遷し（以上、すべての地方裁判所・簡易裁判所を合わせたもの）、二〇〇五（平成一七）年は、地方裁判所＝〇・七五%、簡易裁判所＝〇・一五%となっているのである。

つぎに、地方裁判所における保釈率（その年に保釈を許可された人員をその年中に勾留状を発付された被告人員（起訴時に勾留されている人員とその後に勾留された人員）で除したもの、勾留・保釈人員とも、第一審判決前になされたもののみ）をみると、一九七〇（昭和四五）年に五五・八％であったものが、一〇年ごとに、三七・六％、二七・九％、一三・九％と低下し続け、二〇〇五（平成一七）年には、一三・四％にまでになっているのである。

## ③ 密室の取調べ

取調室は、被疑者と取調官二人だけとなり、取調べが適正に行われているかどうかの第三者のチェックは及ばない。取調官によるアメとムチによる取調べが横行し、常態化している。通常、被疑者はスーパーマン的努力をしない限り、取調官の罪を認めよという要求に屈する。アメリカなどでは、弁護人の取調べの立会権や取調べ全過程の録音・ビデオによる録画があるのに比して、日本では弁護人の立会権も録音・録画の制度（取調べの可視化）もない。

裁判員制度下で、この取調べの可視化の導入が弁護士会などで期待されているが、検察側の回答は取調べの極く一部を公開するといったもので、これでは、威嚇的取調べですっかり参ってしまい、警察・検察の軍門に下った状態の被疑者の取調べ状況のみを公開することにしかならない。いっそうえん罪を生む危険がある。

## ④ 日本では黙秘権はないにひとしい

憲法三八条には「①何人も、自己に不利益な供述を強要されない。②強制、拷問若しくは脅迫による自白又は不当に長く抑留若しくは拘禁された後の自白は、これを証拠とすることができない」と定められ、また刑事訴訟法三一一条一項には、「被告人は、終始沈黙し、又は個々の質問に対し、供述を拒むことができる」と定められている。

しかし、逮捕・勾留されている者は、「取調受忍義務」があって、取調べを拒否して留置場に居座り続けることはできず、取調官の前で座っていなければならないというのが最高裁の判例である。取調拒否権がなければ、被疑者は「そら言え、こら言え」という取調官の供述強要・威嚇的取調べに晒されることになって、黙秘権は事実上、機能しないのである。

## 5 証拠開示の不徹底

捜査機関は、その強大な力を使ってありとあらゆる証拠を収集する。弁護側との力の差は象とアリの差に等しい。そのため、アメリカなど先進諸国では、公判前に弁護側に捜査機関が持っている証拠を開示する制度を設けている。しかし、日本では、全面的開示ではなく部分的開示となっている。今回できた公判前整理手続では、その改善を一定程度したが、十分なものではない（詳しくは第3部）。

現在の刑事訴訟法では、旧刑訴法の時代と違って、検察官の公訴提起の後であっても、弁護人は、検察官が捜査中に収集したり、作成したりした証拠類の開示を求め閲覧・検討することができない。旧刑訴法の時代には、公訴提起あるいは予審終結と同時に一切の証拠物、証拠書類は公判裁判所に送られ、弁護人は自由にそれを閲覧・謄写（コピー）し、検討した上で、被告人のための防御示方法を検討・考究することができたのである。

それでこそ、検察官と、被告人・弁護人の当事者対等といえるのであるが、現在では国家が強制力を用いて犯罪捜査をし、証拠を手中に収めながら、公判の裁判になってからも、それらの証拠の全部をその手中に握ったまま、相手方の弁護人に開示しないでもよいということになっている。したがって、裁判の結果が検察側に有利に終わってしまうという傾向は、防ぎようがない。この点で、刑事事件で被告人を追及する検察官と、その検察官の攻撃に対して被告人を擁護しようとする弁護人の立場は、旧刑事訴訟法の時代ほどの対等性さえ失われているといわざるを得ない。弁護士たちは、長年、この証拠開示についての不平等を改め、この点でも当事者対等を実現するために闘ってきたのである。

## ⑥ 客観的捜査構造になっていない

以上のような自白獲得中心主義が常態になっているのはなぜだろうか。

一般に捜査はどのように行われているのか。

殺人、強盗、放火、窃盗といった犯罪行為によって生じた現象の現場に臨んで、そこに残されたいろいろの資料を収集する犯罪捜査の過程には、通常三つの段階がある。第一の段階は、犯罪が行われた現場を中心とした捜査であって、将来の捜査のために必要な基礎資料を発見し、収集するのが主要な目的である基礎捜査（初動捜査）である。例えば、現場における指紋・足跡等の収集等である。第二の段階は、基礎捜査によって得られた資料に基づいて、確立された方針に従い、犯人を特定し、これを検挙するために行われる捜査活動で、本格的捜査ともいわれる。第三の段階は、検挙された被疑者の取調べや自白に対する裏付け捜査などによって事件をまとめる、すなわち立件送致の段階である。事件の内容や捜査の難易その他の事情によって、各段階の期間が長かったり短かったりの差はあるが、何れの場合でも、この三段階を経て進められるのが原則である（警視正、元警察大学校刑事教養部講師、綱川政雄著『初期捜査の実際』〔立花書房、一九八四年〕三～四頁）。

そして、第一段階の捜査は、第二、第三段階の捜査よりも、はるかに重要な意味をもつ（同五頁）。ところが、現実には、日本の捜査は第三段階に異常な力点が置かれる（その詳細を論ずるのが生田暉雄「自白捜査と自由心証主義」石松竹雄退官記念論文集『刑事裁判の復興』〔勁草書房、一九九〇年〕所収）。

## ⑦ 捜査分担による相互チェックの必要性

日本の捜査は、この三段階を区分せずまた三段階別の任務を定めず、一貫して特定の捜査班ないし捜査員が担当する。そうすると、どうしても、第一、第二段階で犯人とおぼしき人物について逮捕可能な程度の証拠を収集するにとどまり（つまり第一、第二段階を手抜きし）、後は犯人とおぼしき人物を逮捕、勾留して自白を求める。犯人とおぼしき者の見込みが間違っていなければ省エネルギーの効率のよい捜査ということになる。ところが一旦見込みが間違っていると、第一、第二段階の証拠収集が不十分であるので、何が何でも見込んだ者を犯人にしてしまわなければならない。このとき、諸外国に比して異常に長い逮捕・勾留期間（諸外国は数時間から二日程度であるのに、日本は最大二三日間）、代用監獄における勾留、取調べにビデオ・録音機の設置がなく取調べの可視化がないこと、取調べに弁護人の立会がないことを利用して、自白を獲得する。これが虚偽自白獲得となり、えん罪・誤判の原因となる。

しかし、ヨーロッパ諸国では、捜査の目的が自白獲得に尽きることがないよう、逮捕・勾留の時間制限を厳格にすることはもとより、捜査の三段階はそれぞれ異なる任務分担でなされ、相互にチェック機能が果たせるようにしている。

このように、捜査を自白獲得一辺倒にならないようにしただけでは、まだ足らない。公判における証拠能力の審理を、強制・脅迫により獲得された自白等を排除できる審理にしなければならない。ところが、日本の証拠能力の審理は、以下で検討するように茶番劇の馬鹿げた審理に終始している。そのような審理で、違法に獲得した自白の証拠能力を肯定し、えん罪を主張する多くの被告人を有罪にしているのである。

## ⑧ 裁判官の有罪志向

人質司法と連動し、低すぎる無罪率を支えている原因として、裁判官の有罪志向（治安の維持）と調書裁判の問題がある。

裁判官による裁判では、有罪志向が出て、無罪推定の原則が貫徹されない傾向がある。

また裁判官の有罪志向は、日本の場合、最高裁の統制によって制度的に決定されている。本来無罪であるべき者を有罪にしたからといって、左遷された例など聞いたことがない。これを「裁判官の犯罪」という人もいる。

ある事件を有罪とするか無罪とするかを判断する場合、自分の裁判官としての出世はどうなるかと考えない裁判官は希有であるといってよい。退職間際の裁判官が時として良い判決をするとか、無罪志向の裁判官が職業上の不利益を与えられた例は、たくさんある。

さらに、何年間か国側の代理人になったり、法務省の仕事をした後、また裁判所にもどってくる判検交流によって、治安維持的な考え方に親和性をもつ裁判官が生まれる。

裁判員裁判で、裁判員（市民）がこのような裁判官と一緒に仕事をしたらどうなるだろうか。とうてい無罪の発見は望めない。

## ⑨ 自白の任意性審理のセレモニー化

刑事訴訟法三一九条一項では「強制、拷問又は脅迫による自白、不当に長く抑留又は拘禁された後の自白その他任意にされたものでない疑のある自白は、これを証拠とすることができない」と規定し、自白の強要を禁止している。また、同法三二二条一項で、被告人の供述調書につき「その供述が被告人に不利益な事実の承認を内容とするものであるとき、又は特に信用すべき情況の下にされたものであるときに限り、これを証拠とすることができる。但し、被告人に不利益な事実の承認を内容とする書面は、その承認が自白でない場合においても、第三一九条の規定に準じ、任意にされたものでない疑があると認めるときは、これを証拠とすることができない」と規定し、自白を証拠とする場合の厳しい制限をもうけている。しかし、裁判所はほとんど任意性を認めているのが実情である。これでは、いつまでたっても自白中心の取調べはなくならない。

## ⑩ 検面調書の特信性のセレモニー化

驚くべき高い有罪率と低い無罪率が固定化しているのは、検察官面前調書の証拠能力をほとんどの事件で認めることが大きな原因である。すなわち、刑事訴訟法三二一条一項二号所定の「但し、公判準備又は公判期日における供述よりも前の供述を信用すべき特別の情況の存するときに限る」という「特信性」の審理がおざなりになり、セレモニー化しているということによるのである。

現在の法律（刑事訴訟法）では、被告人の有罪を立証する証拠として用いられるのは、①被告人あるいは証人、鑑定人が公判廷で直接にした供述、②被告人や証人その他の関係者が検察官又は警察官に述べたことを書面にした供述調書（検察官の作ったものは検面調書、警察官の作成したもので員面調書などと呼ばれる）、③検証の結果を記載した検証調書、④専門家の鑑定書、等である。そのうちで、実際に裁判上の証拠として最も大きな役目を果しているのは、②の検察官の作った被告人や参考人の述べたことを書面にした検面調書（検察官面前調書）である。

法律上は、被告人や証人等が法廷で供述したことが証拠として最も重要なものだという建て前がとられたが、それと被告人が捜査中、警察官や検察官に述べたことになっている供述調書、特に検面調書とくいちがうときに、どちらを信用し採用するかという問題が生じる。実際には甚だくいちがうのである。前述したように、それは狭い代用監獄などで厳しく取り調べられた場合と、法廷で自由に自分を取り戻して供述する場合の内容の相違である（第1部第1章実例4・奈良医大事件を参照)。

今日の日本の公判廷では、このような場合は、裁判所はほとんど、検面調書を採り、それと違う法廷での供述は斥ける。つまり、捜査中に検察官から有罪と認めた内容の供述調書(署名・捺印付き)を取られている限り、裁判官はその方を採って被告人に有罪の判決を下すのである。

被告人がそれに反対して、検面調書は否認したのに無理にそのように書かれ署名させられたので任意性がないと争うことができることに、理論上はなっているのに、実際にはそれさえできなくなっている場合が多いのである。

その大きな原因として、保釈・釈放の条件として、被疑者・被告人が被疑事実・公訴事実を争わないことが事実上の決まりとなっていることが連動している。被告人が有罪を認めること、すなわち検察官の請求証拠に同意することを保釈の事実上の条件として科している状況がある(人質司法)。大部分の被疑者は、捜査中逮捕され身体拘束の状況で検察官に調べられ、自白調書をとられた上で、公訴提起され、そこでやっと裁判官に保釈請求ができることになる。ところが、その保釈の許否を決定する裁判官が、保釈の請求にきた弁護人に対して、「事件が公判に廻ったら、検察官の証拠請求に同意しますか」と尋ね、「同意します」と回答しなければ保釈を認めない場合が、はなはだ多いといわれている。それで、さきのような場合にも、ほとんどの弁護人は前もって検面調書を証拠とすることに同意させられてしまっているので、法廷でも被告人の否認に十分援助できない場合が多くなっている。

## ⑪ 犯罪報道に影響される裁判

日本の犯罪報道の大きな特色は、被疑者の逮捕前後に取材・報道が集中し、その多くが主に捜査機関からの情報に基づいたもので、被疑者を有罪視するものである。この犯罪報道によって裁判官の心証がどのように影響を受けるのか。それを実証した研究はいまだない。しかし、元裁判官らの証言から、その一端が伺われる。

最近、一審で死刑判決を書いた熊本典道さん（六九歳）が「無罪だった」と告白したことで、話題になった袴田事件にも、そのことが現れている。

この事件は、一九六六年六月三〇日未明に、静岡県清水市で起こった強盗殺人・放火事件である。味噌製造会社の専務宅が焼け、焼け跡から、刃物による傷を受けた一家四人の死体が発見された。警察は、事件当時、味噌製造会社の寮に住んでいた袴田巖（当時、三〇歳）さんを犯人と断定して、連日一〇時間以上の取調べを行い、自白を強要した。厳しい取調べに袴田さんはとうとう犯行を「自供」したが、公判になって否認した。しかし、一審は有罪・死刑で、最高裁まで闘ったが死刑が確定した。現在、再審請求を行っている。

熊本元裁判官は、当時の合議の様子を振り返った。裁判長は無罪か有罪か判断がつかなかった様子だったが、結局、三人の合議では有罪が多数をしめた。鎌田慧氏とのインタビュー記事の中で（『週刊金曜日』二〇〇七年四月二〇日号）、なぜ裁判長は心証を有罪に変えたのかという質問に対して、熊本元裁判官は、「二つあると思います。一つは新聞等が連日、連夜、『極悪非道』と決めつける。むちゃくちゃですよね」「あれを夕刊、朝刊で見てご覧なさい。それからテレビ、ラジオ。裁判官が朝昼晩まじめに見るでしょう。影響がないといえば嘘です、絶対」と答えている。

これまで検証してきたような自白偏重の裁判のもとでは、裁判官が、「自白」したことを大々的に報道するメディアに影響されないとは、誰も否定できないだろう。

## ⑫ 被疑者国選弁護制度の危うさ

強大な捜査機関と対等になり、被疑者が法的な権利を主張するためには、弁護士（弁護人）の援助が絶対必要である。身体拘束された被疑者は、捜査機関の思うままに「虚偽自白」を迫られる。しかし、捜査段階で、弁護士（弁護人）を依頼するのは二五％程度である。

「日本の刑事司法は絶望的である」といわれる状況を打開するために、弁護士会は一九九〇年から当番弁護士制度をボランティアではじめた。そして、二〇〇六年四月から、一部の重大事件について国費による被疑者弁護制度も実現した（裁判員法が施行される二〇〇九年までに必要的弁護事件の全てに拡大される）。この点は確かに前進ではある。そして、多くの弁護士が被疑者・被告人の権利保障のために献身的努力をしていることも忘れてはならない。しかし、その国選弁護人を統括する「日本司法支援センター」（二〇〇六年四月発足）は独立行政法人であるが、監督官庁は法務大臣である。法律上、弁護士業務の自主性・独立性は確保されているが、その事務方の多くは法務官僚によって占められおり、被疑者・被告人の人権保障の視点に立った十分な弁護活動が、今後保障されるか危惧される。

# 第3章 ヒラメ裁判官の誕生——裁判官が最高裁から統制されている実態

## ① 統制される裁判官

なぜ、憲法で身分保障され、職権行使の独立が保障されている（憲法七八条、七六条三項）裁判官が、これまで述べてきたような茶番劇の馬鹿げた審理を続けているのか。普段、裁判官と接することがほとんどない市民にとって、理解に苦しむところである。そのなぞを解くカギは、裁判官がおかれている現実である。

結論からいうと、最高裁判所から管理・統制されていて、独自の裁判をする自由がないからである。裁判官は、厳しい官僚統制を受けていて、仮に、証拠能力についての以上のような審理が茶番劇で馬鹿げていると思っても、他の裁判官と違った裁判をすることが困難なので、日本国中の裁判所は同じような証拠能力の審理をしているのである。

それでは、裁判官の官僚統制とは、どのようなものか。

これには、①他律的統制——例えば、規則、通達、裁判官合同による申し合わせ、②自律的統制

――裁判官が当局の思惑を積極的に先取りすることによって自律的に統制に服するだけでなく、当局の趨勢を他の裁判官に先取り、競争することによって、積極的に自律的に統制に服していく方法の二種がある。そこで、まず他律的統制についてみていく。

## ②　日本では「裁判官の独立」はないにひとしい

まずわが国の裁判所は、全国を一元的に統括する最高裁によってピラミッド型に組織されている。これは、州ごとに最高裁があったり（アメリカ）、通常裁判所・行政・労働といった裁判の種類ごとの最高裁がある（ドイツ）制度とは異なり、最高裁が内部的に裁判官や裁判に対する管理・統制をしようと思えばそれが極めて容易であり、事実また強力に遂行できる仕組みである。

次に、わが国の裁判官は、司法試験に合格してから研修所を出てすぐに裁判官になる。つまりキャリアの官僚裁判官である。

またわが国の裁判官は、西欧諸国のように裁判官が政党員になったり、政治活動をすることは事実上できない。このように、国民の目に触れることがないまま秘密裡に裁判官を管理・統制できる。

さらにフランスなどでは裁判官が労働組合を結成できるが、日本では法律上はともかくとして事実上できない。またドイツでもフランスと同様で、裁判官が団体活動や政治活動をしているが、日本ではできない。だから日本の裁判官は、最高裁の管理・統制に対して団体行動をとることもできない。

その上、日本の裁判官は市民的活動もできなくなっている。昭和四〇年代に「青年法律家協会裁判官部会」（青法協）に加入していた裁判官は、最高裁から「望ましくない」として弾圧を受け、現在はこの部会は存在しない。また、良心的な裁判官が自主的に研究する「裁判官懇話会」でさえ、それに参加する裁判官は陰に陽に、最高裁から差別的な待遇を受けている。

最高裁は、市民集会で盗聴立法について発言しようとした寺西和史判事補に対して懲戒処分をしたが（一九九八年）、その違法性を争った最高裁決定は、裁判官は「公正らしさ」を要求されるとして、裁判官の自由な市民的活動を規制することはやむを得ないと判断している。

そればかりではない。裁判所法によれば、裁判に関する事務や裁判所職員の人事などの司法行政事務は裁判官会議で決めることになっているが、昭和三〇年代から最高裁の強力な「指導」により、裁判官会議の権限を裁判所所長に委譲する決議がなされ、裁判官会議は全く形骸化してしまった。こうして各裁判所の自立性・自主性は失われ、所長を通じて最高裁が管理する体制ができ上がった。

それに加えて、一般職の国家公務員であれば、国家公務員法や人事院規則によって、自己の不利益な待遇に対する不服申し立ての手段があるが、これらの規定は裁判官には直接適用されないと解されている。しかもドイツなどでは、監督権限を持つ者による裁判官評価（能力査定）は、本人に開示して弁明の機会が与えられるが、日本ではそのような運用は一切されていない（最近では、運用が多少変わった）。

以上のように、日本では「裁判官の独立」はないにひとしい。

## ③ みずから統制される裁判官

最高裁の統制で、日本の裁判官には裁判官の独立はないが、さらに恐ろしいことに、裁判官が自律的に統制に服し、未だ最高裁が明示していないことに対しても、最高裁の趨勢として読み取れることに対し、自律的にさらには他の裁判官と競争して率先して、統制に服していっているのが、現状である。

したがって、証拠能力の裁判が、裁判を知らない人が客観的に見て茶番劇で馬鹿げていると思っても、裁判官は競争的に率先して、このような証拠能力の裁判を続けている。真実を知れば身の毛もよだつ恐ろしい裁判を日本国民は受けていることになる。

裁判官を自律的統制に服させる手段は「転勤」と「俸給」である。裁判官は任官して一〇年間は判事補といわれ、一〇年たつと判事になる。判事の俸給は、次頁の表のように、下から八号から一号（平成六年当時で八号は月額五七万五千円、四号九一万円、三号一〇七万三千円、一号一三〇万四千円である）へと順次上がっていく。判事になって一〇年（任官して二〇年）目くらいで三号になるかどうかという岐路に立つ。三号にならないと裁判長にはなれない。また四号と三号では、大都市手当、ボーナス等を含めると年間五〇〇万円程の差となって表れる。そして順調に一号まで行く人と四号止まりの人では、年間一千万円近い差となる。これが一〇年以内のことで、定年まではまだ一〇数年ある。そしてこれらが、恩給、退職金に連動するので、生涯取得金としては莫大な差となってくるのである。

**表　裁判官の報酬（平成18・4・1実施）**

| 区　分 | | 報酬月額 | 区　分 | | 報酬月額 |
|---|---|---|---|---|---|
| 最高裁長官 | | 2,071,000円 | 判事補 | 1号 | 430,000円 |
| 最高裁判事 | | 1,512,000円 | | 2号 | 395,000円 |
| 東京高裁長官 | | 1,448,000円 | | 3号 | 370,500円 |
| その他の高裁長官 | | 1,341,500円 | | 4号 | 346,600円 |
| 判事 | 1号 | 1,211,000円 | | 5号 | 323,100円 |
| | 2号 | 1,066,000円 | | 6号 | 307,100円 |
| | 3号 | 994,000円 | | 7号 | 288,700円 |
| | 4号 | 843,000円 | | 8号 | 278,000円 |
| | 5号 | 728,000円 | | 9号 | 254,200円 |
| | 6号 | 654,000円 | | 10号 | 245,200円 |
| | 7号 | 592,000円 | | 11号 | 233,100円 |
| | 8号 | 503,000円 | | 12号 | 225,300円 |

＊裁判所時報（平成17・11・15）による

裁判官は四号止まりにならないよう、そして三号になってもスムーズに一号まで行くよう最高裁の思惑を競争的に率先して裁判をしていく。このように最高裁（上の方）ばかりを見るのでヒラメ裁判官と揶揄される。最高裁長官も二〇〇四（平成一六）年一〇月一八日新任裁判官の辞令交付式で「ヒラメ裁判官は歓迎しない」といわざるを得ない事態になっている（二〇〇四年一〇月一九日朝日新聞）。

このように四号までは全員昇給し、三号から差がつくが、それまでの任地、ポジションによって自ずから四号止まりか否かがわかる。そこで裁判官は四号まででも（判事補の間から）熾烈な競争をし、最高裁の思惑を先取りしていく。これが、茶番劇で馬鹿げた証拠能力の裁判がなくならない理由である。

このような裁判官の官僚統制を廃止しなければ、日本国民は、真にあるべき裁判制度の恩恵を受けることはできない。裁判官の官僚統制を廃止するためには、どうしても陪審制度が必要である。

## ④ 転勤による自律的統制

日本の裁判官が、こういう恐るべき状況下で次々と「判決」を下し、マスコミがほとんど無批判にそれをタレ流し的・官報的に報じていく。この実態を、日本のどれだけの人たちが知っているのだろうか。

一九八〇年頃までは、全国の大・中・小都市をA・B・Cにランク分けして、一〇年間にA・B・Cを一回りするといった形式的には一応平等な任地・転勤の方法が取られていた。一応平等というのは、例えば最高裁の事務総局等の各局の勤務（局付、課長、局長）はCランクとされるなどの不合理があり、東京地・高裁と最高裁を往復していることが可能であった。ところが、前に述べたような裁判官会議の形骸化や裁判官の市民的自由の剥奪といった外部的条件整備が整ったころから、外形的な平等さえなくなり、裁判官には「大都市向き」「中都市向き」「小都市向き」があり、さらに「適材適所で転勤する」と言われ出した。そして東京・大阪といった大都市からほとんど移動しない者、大都市間を移動する者、大都市と中小都市間を移動する者、小都市（支部）を中心に移動する者が生じるようになった。また転勤サイクルも、三年ないし五年かそれ以上といった個別的なものになった。

日本の社会では、大多数の国家公務員が大都市で自己の力を発揮したいと思っており、裁判官も例外ではない。その上、転勤にともなう経済的負担も大きく、さらには学歴社会のせいもあって、子どもの教育上も大都市居住の方が有利である。

そして、大都市では一二パーセントの都市手当も付加されて、報酬的にも恵まれている。少なくとも三年以上小都市に居ると、都市手当が切れるので実質上減収となる。この点からも、転勤場所及びサイクルは切実になる。

問題は、報酬の場合と同じく、だれが、どのような基準でこれを決めるのかが一切明らかにされていないことである。報酬による差異と、転勤による差異が重なると、同じ時期に任官しても天と地の差異が生ずる。片や大都市で一切転勤の不利益はなく、三号から一号へ一挙に駆け上がる者があると思えば、他方は支部を転々とし、子どもの進学等のため転居もできず、単身赴任を余儀なくされ、四号に据え置かれ、家族の生活が三カ所、四カ所ともなれば、生活自体が破壊されかねない者も生じる。

上昇気流に乗った者は、最高裁事務総局・最高裁調査官・司法研修所教官といった、裁判そのものの現場から離れ、三冠王と称すべき地位を目指すこともまれではない。反対に四号据え置きのまま支部ばかり三、四カ所の家庭生活といった、いわば三重苦に陥る者もないではなく、何が何でも避けたいというのが人情ではないだろうか。

裁判の統制手段は、これまでは、裁判干渉＝知的干渉＝裁判官本人対象といったメカニズムだったのが、三〇数年前から全般的生活差別型＝恒常的利益誘導型＝家族全員対象といったメカニズムに変わってきている。家族全体が対象とされるため、本人の意志だけで耐えたりすることが益々困難となっている。転勤時期ともなれば、有利な転勤をした者と不利な転勤を余儀なくされた者の家族ぐるみでの悲喜劇が生ずることはまれではない。

# 第4章　刑事弁護人はどのように無罪を獲得してきたのか

無罪率一％以下という非常にきびしい刑事裁判のなかで、いかに弁護士（弁護人）が、無罪獲得に日々奮闘しているか、その一端を紹介する。日本の刑事裁判の問題点がさらに鮮明に浮かび上がる。

## ① 否認する被告人は保釈されない

日本の刑事裁判の諸悪の根源は、自白の強要と人質司法である。いわゆる否認事件においてこのことは如実に現れる。

捜査官には被疑者取調権があるとの誤った見解の下で、被疑者を密室で、数人がかりで時間の制限もなく、取調べを続行して自白を強要し、往々にして嘘の自白を得てえん罪にいたるのである。自白がどうしても必要と捜査官が判断すると、再逮捕（場合によっては別件逮捕）し、勾留を継続して、自白を迫り続けるのである。

ここで得られた自白は、現在のルーズな証拠法則、中でも運用上ないに等しい自白法則の下では、容易に証拠能力があるとされ、有罪の根拠にされてしまう。

公判段階にあっても、被告人は手続の主体としてではなく、最も重要な証拠として扱われる。このため、公判段階では訴訟手続上の各種の権利が認められ、検察官と対等の当事者とされても、否認する被告人は、公判の最後の段階の被告人質問まで、保釈は認めないという牢固とした実務の扱いがある。もっとも、法定刑との関係で勾留が異常に長期にわたることになると、被害者・目撃証人等重要証人の証言が終了した時点で保釈の可能性が出てくる。

捜査段階で自白があって、公判の冒頭手続の罪状認否においても、被告人が重ねて自白すれば、捜査段階の自白調書とあいまって被告人の有罪は、その後否認に転じたとしてもほぼ立証されたものとして保釈の可能性が出てくる。

捜査段階で否認しまたは黙秘していると、罪状認否において自白しても、その後の公判過程で再び否認に転じる可能性があり、そうすると有罪認定に困難が生じるので、保釈は容易に認めない。まして、罪状認否において否認すると保釈の可能性はなくなる。否認する被告人に対する検察官・裁判官の報復・見せしめであり、これにより翻意を迫るのである。否認または黙秘を続ける被告人に対する有罪判決では、被告人は否認または黙秘することによって、反省の情がなく再犯の危険があるとして、より重い刑を科すのが通例であるが、これは裁判官による権威に刃向かう被告人への報復・戒めである。

しかし、このことは、何人も自己に不利益な供述を強要されないという自己負罪拒否特権（憲法三八条一項）を侵害することになる。量刑を裁判官自らに対する態度によって重くするのは、裁判官の権力者としての思い上がりであり、児戯に等しいものというべきである。

否認事件の弁護活動は、上記の自白強要と人質司法、並びにこれから派生する諸々の問題をめぐる検察官と裁判官に対する闘争ということができるのである。

## ②弁護活動の始まり

被疑者、その家族や知人から、逮捕されたという連絡が入る。留置先、罪名を聞き、できるだけ早く被疑者接見に赴く。時には、警察から呼出しがあったという被疑者からの連絡があり、また当番弁護士への出動要請があり、弁護活動を開始することもある。

## ③捜査段階での弁護活動

逮捕され留置中の被疑者から、被疑事実を聞く。否認事件の被疑者は、現行犯逮捕された場合と令状逮捕された場合がある。前者は痴漢事件や、デモ行進中の公務執行妨害事件のような場合である。令状逮捕の被疑者の中には、また往々にして現行犯逮捕の被疑者の中にも、被疑事実を知らない、または理解できていない被疑者もいる。通常、留置場所は警察署留置場（代用監獄）である。その足で担当捜査官と面会し、被疑事実を聞くことになる。

現行犯逮捕事件では、捜査と弁護が時期的には同時に始まる。捜査では、被疑者、被害者または目撃証人の取調べが行なわれる。被疑者は現場に連行され、検証が行われる。

令状逮捕の場合には、被害者または目撃証人の取調べ（捜査段階では証人を参考人という）、さらには官公署への照会、検証、鑑定等はほぼ終了していて、逮捕後は主として被疑者の自白を得るための取調べが行われる。密室で二、三人の警察官が硬軟取り混ぜた手法で、時には誘導や威迫、拷問（現在でも決して珍しくはない）という手段を使って自白を引出そうとする。時間は早朝から深夜ということも珍しくない。この取調べで新事実が出たり、これまでの捜査で掴んだ事実と異なる事実が出ると、証人の再取調べや再検証が行なわれる。

捜査段階の主要な弁護活動は、被疑者接見によって被疑者が嘘の供述を強要されないようにすることである。このため、弁護人に対し自分はやっていないという被疑者に、黙秘権・取調べ拒否権・調書への署名押印拒否権等の権利を教示し、強い被疑者には黙秘を勧める。

被疑者取調べは終日行われると見て、接見は長短を問わず毎日行う（残念ながら、被疑者取調べへの弁護人立会いは認められていない）。ここでは、取調べへの対応を助言し、取調べによって被疑者が掴んだ事件の捜査上の焦点・進捗状況・証拠（証人・証拠物）などを聞く。なお、被疑者にメモ帳を差し入れてこれに取調べ状況を詳しくメモしてもらう。

警察留置場は、取調べの警察官が被疑者の寝食まで管理下に置ける環境であるから、勾留場所を法務省管理下の拘置所への移監申立を裁判所に行う。留置場では、捜査と留置管理は分離されているとはいえ、捜査の便宜は夜間調べもできる点等、格段に大きい。

違法な取調べが被疑者から報告されると、勾留の取消請求等を行う（被疑者保釈の制度はない）。

他方、被疑者の家族や知人からの事情聴取を行い、被疑者からの聞き取りに基づいて被疑者の当日の行動やこれを裏付ける証拠の収集を行う。しかし、弁護人には強制捜査権限は全くない。ただ、重要な証人を保全するために、裁判所に申し立てて証人調べを行なうことができる。通常、事件現場に臨んで、カメラに収めておく。

残念ながら、証拠は事前にほぼ全部捜査官に持ち去られているので、弁護人が独自の証拠を収集する機会はない。収集した証拠があれば、必要に応じ、専門家に鑑定を依頼することがある。

## ④ 起訴後第一回公判前の弁護活動

上記のとおり、捜査段階での弁護活動は、被疑者接見を中心とし、被疑者と被疑者側の家族・友人等からの事情聴取と、この裏付け証拠の収集等であり、これでは、証拠構造の全貌を知り被告人に有利な証拠の存在、不利な証拠を把握し公判に臨むことは、到底できない。

起訴された被告人の弁護にとって、公判開始前の、捜査官手持ち証拠の全面開示は、被告人防御の観点からも、えん罪防止のためにも、不可欠である。ところが、検察官はこの全面開示要求には応じないし、裁判官も全面開示命令を出さない（最決昭和三四年一二月二六日刑集一三巻一三号三三七二頁）。裁判所は、限定された場合に一部証拠開示を命じることがあるのみである（最決昭和四四年四月二五日刑集二三巻四号二四八頁）。捜査官手持ち証拠の全面開示については、被告人防御の観点のみを取り上げ、「一方当事者である被告人の利益を図るもので、弁護・検察双方がそれぞれ有利な主張・立証を尽くすものとする刑事訴訟法の当事者主義構造に反する」との見解は、明らかに誤っている。

えん罪防止は公益であり、このための全面開示は検察官の義務であり（検察庁法四条は検察官は「公益の代表者」とする）、公共の福祉の維持と基本的人権の全うは裁判官の権限行使の根拠たりうるのであるから、全面証拠開示は裁判官の権限といわなければならない（刑事訴訟法一条）。

なお、公判前整理手続における証拠開示制度については別に論じるとおりであり、抜本的解決ではない。捜査官の手持証拠の全面開示を受けなければ、弁護人は、暗中に一点、二点の光を見る状態であり、到底効果的な、被告人に有利な弁護活動はできない。

秋山賢三・元裁判官は、「検察は、集めたいろいろな証拠を独占し、被告人は全部を見ることはできない。地検の倉庫に被告人のアリバイを立証する帳簿や伝票が眠っていたとしても、アプローチできないんです。一方で裁判官は、検察が有罪のために選りすぐった証拠ばかりを何度も何度も見せられるあまり、日本の裁判官が誤判を犯すのは無理のない部分もある」と述べている（『週刊金曜日』二〇〇七年五月一八日号）。

検察官が被告人の有罪立証のために証拠書類または証拠物の取調べを請求したときには、これらをあらかじめ弁護人に開示しなければならない（刑事訴訟法第二九九条一項、三一六条の一四）。検察官請求証拠は、ルーズな証拠法則、とりわけ否定されたに等しい伝聞法則を運用する裁判官によって、全て採用されると予測しなければならない。

この開示された証拠を、弁護人は閲覧・謄写し、注意力を集中して読み込む。証人の捜査段階での参考人調書は、その証人の主尋問後反対尋問前に開示を受けることがあり、これも注意力を集中して読み込む。また、上記の開示請求による証拠を、注意力を集中して読み込む。

この結果、ようやく、捜査段階でどんな証人がどんな証言をしているか、どんな検証がなされ、鑑定がなされ、被告人がどんな供述をしているか明確になる。

本格的弁護活動はここから、弁護人の「無罪立証」活動として始まるのである。

## 5 人質司法・調書裁判と闘う

ところが、裁判官による人質司法は、弁護活動を著しく困難なものにする。被告人に事情を聞くにしてもいちいち留置場または拘置所に足を運ばなければならない。また、反証活動の主要な担い手のはずの被告人の活動の自由はない。身体拘束などによって心身が蝕まれると、いっそう深刻で、事情聴取そのものができなくなる。

他方、捜査官側は既に捜査を終わり、収集した証拠のうち有罪立証のための証拠を法廷に提出するのみである。

弁護人は決定的に立ち遅れている。検察官が請求証拠を開示した時点では、無罪証拠は弁護側にはほぼ皆無の状態である。被告人の否認供述以外にはないこともある。

裁判官は、全面証拠開示を事前に命じることもなく、捜査官の収集証拠によれば一般的に有罪は間違いなく、弁護人の反証活動は功を奏さないであろうとの予測の下で、公判期日の指定を行う。弁護人の証拠収集は一定のめどが立てば証拠請求をすればよく、めどの立たない証拠を待って公判期日を遷延するわけにはいかないとするからである。弁護人は公判期日に追い立てられることになる。

公判では、公判前整理手続のある場合にはこの手続において、裁判官は、まず検察官から提出された証拠をほぼ全部採用し、この証拠によって、有罪の心証を得ることになるであろう。これはルーズな証拠法則の然らしめる結果であり、日本の刑事裁判は、「調書裁判」といわれ、「公判廷は捜査の引継ぎ場所」といわれるのである。

## ⑥ 弁護人の無罪立証活動——「二人の検察官」との闘い

弁護人は、検察官と、心証を検察官と同一にした裁判官、すなわち「二人の検察官」を相手にした無罪立証活動を余儀なくされるのである。

仮に証拠の全面開示を受けたとしても、無罪の観点から証拠を読み込み整理し、有罪証拠の欠陥を突き、反対証拠を収集する等有罪証拠を覆す弁護活動は、この開示の時点から始めるほかにない。しかも、弁護人には証拠収集に関して、何らの強制権限も与えられていないのである。

公判前整理手続については別に論じるとおりであるが、もし証拠開示が拡張されたとしても（実質上の証拠拡張はないのであるが）、準備万端の検察官とこれから準備開始の弁護人とを、同列に並べて、整理手続を強行すれば、収集した証拠の質量において弁護人は検察官に太刀打ちできず、しかも整理手続後の証拠申請は原則として認めない（刑事訴訟法三一六条の三二）というに至っては、被告人の反対立証権（憲法三七条二項）を否定するに等しい。

検察官は、捜査段階で取った参考人調書、その他の収集証拠を開示しないことがある。弁護人は、その存在や必要性を明らかにして裁判所に開示請求をする。開示請求は証拠の存在が明らかでなく困難であり、また裁判所は容易には開示請求を認めない。調書などの証拠が開示されると、これに基づいて反対尋問を行い、場合によってはこの調書を証拠申請することがある。

証人が捜査段階での供述より被告人に有利な法廷証言を行うと、検察官は被告人に不利な参考人調書を証拠として申請する。弁護人は、捜査段階の供述がどのような状況で取られたか、法廷証言と調書の記載の異同、変遷などを仔細に検討し、反対尋問を行う。裁判官は、検察官申請の調書はほとんど例外なく採用する。

通常、公判の最後の段階で、被告人質問が行われる。被告人が捜査段階で自白し、否認に転じている場合には、被告人の自白調書の証拠能力、証明力についての証拠調べが行われる（否認事件では、一貫して否認または黙秘よりも、この事例が多い）。

自白調書にあらわれた事実が真実と符合するか、取調べにおいて強制がなかったかなど、自白内容や取調べ状況について証拠調べが行われる。検察官は、取調べた捜査官を法廷に呼んで、取調べ状況について尋問するが、捜査官は弁護側の反対尋問にも「被告人は、自ら自白したものである」という答えを繰り返すのみである。この任意性の争いに多くの時間を費やすことになる。しかし、裁判所は、ほとんどの場合、自白の任意性を認める。そして、有罪の証拠として使うのである。

否認事件は、通常、第一審の有罪、無罪に拘らず、控訴及び上告と続いていくことになるが、捜査官手持ち証拠の全面開示をしない現状では、控訴審での検察官の手持ち証拠の一部の新たな申請がありうる。この場合、あらためて、弁護人はこの証拠を崩すための無罪立証活動を強いられることになるであろう。

# 刑事裁判への被害者参加制度

刑事裁判への被害者参加制度は、裁判員裁判対象事件や業務上過失致死傷等の事件について、被害者やその遺族（犯罪被害者等）が公判へ出席し、情状について証人尋問、被告人質問、証拠調べ終了後に意見陳述（求刑を含む）することを可能にするもので、今国会で可決・成立した「犯罪被害者等の権利利益の保護を図るための刑事訴訟法等の一部を改正する法律案」に盛り込まれている。全国犯罪被害者の会（http://www.navs.jp/）などが、犯罪被害者の一層の権利保障を確保するために、立法化を強力に推進してきた。

これまで、犯罪被害者等は、被害状況や被害感情を証人の立場で陳述することができた。今回の改正によって、訴訟の当事者として直接参加する権利が付与されたのである。これによって、現行の刑事裁判の本質的な構造である検察官と被告人・弁護人との二当事者対立の構造が根底から変容させられたといえる。この法改正では、参加制度のほか① 刑事裁判で被告人が有罪となった場合、刑事裁判の成果を損害賠償請求に利用できること（付帯私訴制度の導入）、②裁判記録の閲覧・謄写の範囲の拡大、③被害者の名前などを非公開にできること、などが規定された。

これに対して、弁護士会などは、①報復の連鎖を断ち切ろうとした近代的な刑事裁判のあり方を大きく変える、②犯罪被害者等の意見や質問が過度に重視され、証拠に基づく冷静な事実認定や公平な量刑判断ができなくなる、などとして強く反対した。

また、「被害者と司法を考える会」（http://victimandlaw.org）は、①ごく一部の犯罪被害者に対する権利保障にしかなっていない、②犯罪被害者が裁判において過度な責任を負わされる、③検察官に対する意見表明権や説明を受ける権利の獲得こそが必要である、として批判した。

# 第3部

# 公判前整理手続で無罪の発見はできるのか

裁判員裁判の対象事件は、かならず公判前整理手続に付さなければならない。これは、裁判員を長期間拘束できないことを理由にするのであるが、裁判員裁判がはじまる前に、裁判所が検察官、被告人・弁護側の主張及び争点を整理するのである。

公判前整理手続が、無罪の発見にどのような影響を与えるか。裁判員法を徹底批判する前に、公判前整理手続を詳しく見ていく。

# 第1章　刑事手続の原則を無視する公判前整理手続

## ①　公判前整理手続と裁判員法はセットである

前述したように、裁判員法の公布と同時に、刑事訴訟法等の一部を改正する法律（平成一六年法律六二号）が公布された。その改正には被疑者国選弁護制度の新設などの注目すべきものもあるが、最も重要な改正は、裁判員法の実施に備えた公判前・期日間整理手続の新設である。公判前・期日間整理手続に関する改正部分は、二〇〇九年五月までに施行されることになっている裁判員法に先立って、二〇〇五年六月二二日に公布された最高裁判所規則一〇号刑事訴訟規則の一部を改正する規則とともに、同年一一月一日から施行された。公判前・期日間整理手続で重要なのは、公判前整理手続であり、補充的に公判開始後に行われることが予想されている期日間整理手続は、公判前整理手続に関する規定を準用することとされているので、以下、公判前整理手続について説明することとする。

公判前整理手続の内容については、すでに多くの論稿が発表されている。詳しい内容は、それらを参照していただくことにして、ここでは、公判前整理手続に批判を加えるための前提として、ごく概略的にその手続の内容を説明することとする。

## ② 公判開廷前に非公開でおこなわれる

刑事裁判には、罪体立証の段階と量刑審理の段階という二つの性質を異にする段階があり、現在の実務では、この二つの段階（手続）が同時に並行的に行われていることは前述したが、いずれにしても、その核心的な手続は証拠調べ、特に罪体立証のための証拠調べである。公判前整理手続は、刑事裁判、特に裁判員裁判において、争点中心の充実した審理（証拠調べ）を集中的・連日的に行うことができるようにするために、あらかじめ、事件の争点を明らかにし、公判で取調べるべき証拠を決定し、明確な審理計画を立てることを目的として、第一回公判期日前に行う公判準備手続であるといわれている。

まず、公判前整理手続は、第一回公判期日前、すなわち、起訴状が朗読され、検察官が証拠によって証明しようとする事実を正式に示す（これが冒頭陳述である）前に、裁判所が主宰して行うことに注目しなければならない。検察官、被告人・弁護人及び裁判所の三者間で書面を交換することによっても行うことができるが、通常は、検察官、弁護人及び裁判所が一堂に会する期日で行われることになる。この期日には、検察官、弁護人及び裁判官は、必ず出席しなければならないが、被告人には出席の権利があるが、義務はない。だから、被告人抜きで整理手続が行われることもあり得る。期日を開くときも、手続は非公開で行われる。

公判前整理手続を行うかどうかは、一般的には裁判所の裁量であるが、裁判員裁判では、必ず行わなければならない。

## ③ 公判前整理手続後では、証拠調べ請求ができない

公判前整理手続においては、何が行われるのか。まず、検察官が証拠によって証明しようとする事実を明らかにした上、それを立証する証拠を申請する。これに対して、被告人・弁護人側は、その事実を争うかどうかということと、申請された証拠に対する意見を述べ、積極的に主張する事実があれば、その内容をも明らかにし、必要と考える証拠を申請する。これに対して、検察官が意見を述べる。場合により、検察官、被告人・弁護人双方で主張、証拠申請、意見陳述の補充をする。このようにして、その事件で、どの事実について争いがあるのかを明らかにし（争点の整理）、裁判所がどの証拠を、どういう方法・順序で取り調べるか、どの証拠を取り調べないかを決定する（証拠決定）。そして、このような手続を適切に行うために、検察官がその申請の証拠及びその他の手持ち証拠の一部を開示した後、弁護人がその申請の証拠について、一定の手続にしたがって相手方に対してその開示（証拠開示）をする。上述したように、これだけのことを公判開廷前に非公開で行ってしまうのが公判前整理手続である。

公判前整理手続を行った事件については、検察官及び被告人側は、やむを得ない事由によって公判前整理手続において請求することができなかったものを除き、公判前整理手続が終わった後には、すなわち公判では、証拠調べ請求をすることができないという重大な制約が設けられている。公判で新たな事実上の主張をすることを禁止する規定は設けられていないが、証拠調べ請求に上記のような制約がある以上、新たな事実の主張も事実上同様の制約を受けることは当然である。

## ④ 適正手続の保障など刑事手続の諸原則が犠牲にされる

今回の刑訴法改正の目的、その中心である公判前整理手続新設の目的は、争点中心の充実した審理を集中的・連日的に行うことによって公判審理の充実・迅速化を図るため、あらかじめ、事件の争点を明らかにし、公判で取り調べるべき証拠を決定した上で、明確な審理計画を立てておくことである、といわれている。また、裁判員裁判を行うためには、公判の審理が簡明で分かり易いものでなければならず、そのためには、争点が十分に整理され証拠と争点との関係が明らかにされている必要があるともいわれる。

争点が整理され、充実した審理が集中的に迅速に、かつ分かり易く行われることは、いうまでもなく好ましいことである。しかし、それは刑事訴訟の終局の目的ではない。刑事訴訟の最も重要な目的は、適正な手続によって適正な判決がなされることである。換言すれば、有罪とするに足るべき証拠のない者に対して迅速に無罪の判決がなされることである。

だとすれば、争点整理、審理の集中・迅速のために、適正手続の保障や被告人の権利保護のための諸原則を犠牲にしてはならぬはずである。ところが、公判前整理手続は、審理の集中・迅速を追及するあまり、適正手続の無視、被告人の権利の制限剥奪という結果を招来しているように思われる。さらに、訴追側が捜査段階で有罪認定のための証拠固めを完了し、ほぼ完全に証拠を独占しているという捜査の実態の下で、第一回公判前に早急に争点を整理し証拠決定をしてしまい、公判段階での新たな証拠申請を原則的に許さないということは、必然的に被告人の防御権を侵害し、えん罪を生む原因ともなる危険性が高い。以下、若干細説する。

## ⑤ 予断排除原則の空文化

裁判所（裁判体）が、予断を持たずに、虚心坦懐に証拠を評価することは、適正な事実認定、えん罪防止のための重要な基本的条件である。今回の改正前の刑事訴訟法においては、起訴状一本主義その他の制度によって、予断排除を基本的な原則として採用していた。しかし、罪体立証段階と量刑審理段階、証拠能力の判断と証拠の証明力の評価とがそれぞれ截然と区別されることなく、同一の裁判体によって同時進行的に行われることなどによって、予断排除原則はかなり不徹底なものになっている。その正当化の根拠として、職業裁判官は予断と証拠に基づく正当な判断とを区別することができる、ということが挙げられてきた。しかし、職業裁判官は、予断排除のための特別の訓練を受け、予断排除の資質を特別に持った者ではない。むしろ、大半が自白事件で、ほとんど全事件について有罪判決がなされるという日常経験によって、職業裁判官は、一般市民以上に有罪方向の予断を抱く習性を備えているといってもよい。

したがって、今回の改正前の刑訴法において、少なくとも罪体立証段階と量刑審理段階とを截然と区別するための改正が当然行われるべきであった。犯罪事実の有無に関する証拠と、被告人が有罪であって初めて問題となる前科やその他情状に関する証拠を取り調べる段階をはっきり区別することが、予断を持たない公平な裁判所の裁判を受ける被告人の権利を保障するための基本的な条件の一つであるからである。また、裁判員制度というような裁判官と市民とが協働作業によって裁判を行う制度を採用するからには、争点の整理と証拠決定をするなど、証拠調べのお膳立てをする裁判所と証拠の証明力を評価して事実を認定する裁判体とを別個のものとすることが最小限の要請であった。

ところが、今回新設された公判前整理手続は、事実認定を始め裁判の全過程に関与する裁判官だけの裁判体が自ら主宰して争点整理、証拠決定及び証拠開示における裁定等を行う手続である。公判前整理手続を主宰する裁判体は、当然証拠の内容に踏み込まなければならない。そして、その証拠は、ほとんどすべて検察官側の有罪方向のものである。だとすれば、その裁判体を構成する裁判官は、不可避的に有罪の予断を抱く高度の危険に曝されているといっても、過言ではない。それでもなお、予断を抱くことはないというのは、虚構の建前であるというほかないであろう。

裁判員裁判において、裁判員は予断を抱くことなく公判審理に臨むことになっているが、裁判（事実認定ではない）の専門家であり、公判前整理手続によって予断にまみれている裁判官と協働して事実判断をすることによって、裁判官からその予断に基づく有罪判断の影響を受ける高度の危険性のあることは否定すべくもないであろう。それは、刑事裁判の核心である無罪の発見を困難ならしめ、えん罪の増加に道を開くことになるのである。

## ⑥ 黙秘権の侵害、検察官主張・立証責任の原則の崩壊

黙秘権は、いうまでもなく不当な取調べから被告人を保護するためのものである。しかし、それだけのものではない。すなわち、被告人は、何らの主張・立証をしなくても、検察官がその証拠に

より、起訴された犯罪事実について、「合理的な疑いを超える証明」をすることに成功しない限り、無罪とされなければならない、ということを意味する。すなわち、被告人が何らの主張・立証しないことによって被告人に不利益な判断をしてはならないのである。これこそ被告人の防禦権の基礎的な条件なのである。

ところが、公判前整理手続では、簡明で分かりやすい公判審理を集中的に行うために争点を整理し取り調べる証拠を確定しておくという名目のもとに、被告人側は、第一回公判期日前に主張・立証の内容を予め明らかにしなければならぬ立場に追い込まれる。少なくともそうしなければ、事実上不利益な判断を受けることを覚悟しなければならない。それは、公訴犯罪事実の立証については、検察官がすべて主張責任及び挙証責任を負担するという刑事訴訟法上の原則を無視し、被告人に防禦上不当な負担を負わせ、被告人に無罪の立証を要求するものである、といっても過言ではないであろう。

たびたび述べているように、起訴すなわち公判審理開始の段階において、検察官側は、ほとんどすべての証拠＝有罪の証拠を独占し、被告人・弁護人側に対して圧倒的に優勢な立場にあるのである。このように証拠の保有量において極端に権衡を欠く両者の間で、争点の整理や主張・立証の集中を強行し、事後の主張・立証を制限すれば、弱い立場にある被告人・弁護人側の防禦権が著しく制限され、えん罪発生の危険が増大することは自明のことである。

裁判員裁判のために、事前の争点の整理、証拠決定が必要であるならば、捜査官による全取調べの完全な可視化、被疑者取調べに対する弁護人立会権の保障、検察官手持ち証拠の全面開示、伝聞法則の徹底（刑訴法三二一条一項二号の廃止）、被疑者・被告人の身体拘束の根拠としての「罪証隠滅のおそれ」の厳格化（人質司法の廃止）等の改革を実現し、公判開始に当たっての実質的当事者対等を実現することが先決問題である。このような条件を整えることなく、公判前整理手続によって、争点整理と証拠決定、そして被告人・弁護人に対する事後の主張・立証の制限を強行するならば、えん罪の多発を招く結果に終わることは避けがたいであろう。

## ⑦ 公開裁判を受ける権利の侵害

刑事裁判の適正を担保する事実上の大きな力になるものに、被告人の目と傍聴人の監視とがある。被告人抜きの公判や公判廷外の証拠調べは、著しく緊張感に欠ける。また、一人の傍聴人もいない公判廷と多数の傍聴人の存在する公判廷とでは雰囲気がまるで違う。なあなあ気分がまかり通るかどうかの違いである。刑事裁判、特に犯罪事実に争いのある事件は一種の闘争であり、その場にふさわしい緊張感が必要である。

被告人は、公判前整理手続に出頭の権利はあるが、義務はない。被告人の権利の保障として不十分ではあるが、この点は、被告人が出頭の権利を行使すればほとんど解決する。しかし、公判前整理手続は、すべて非公開である。争点の整理及び証拠決定は、当該事件の方向を決めてしまい、そのおおよその帰趨を枠付けしてしまうおそれさえある重要な手続である。このような手続が非公開という緊張感の乏しい環境の中で行われることは、形式的に憲法及び刑事訴訟法の公開規定に反するばかりでなく、審理自体を形骸化し、被告人の防禦権を弱体化させるものであるというほかないであろう。

このような争点整理、証拠決定等の手続が非公開で行われること自体、公判手続の形骸化であるが、公判前整理手続において、争点整理の名のもとに、検察官・弁護人双方の主張のぶつかり合いが行われ、公判では限られた争点について簡明な証拠調べが行われることになれば、公判手続の形骸化はいよいよ深刻なものとなるであろう（現に公判前整理手続において主張されていない事実を前提とする尋問であるという理由で、弁護人の尋問が制限される事例さえ現れているのである）。

## ⑧ 不十分な証拠開示

公訴提起の段階において、証拠能力のあるものもないものも含め、証拠資料をほぼ独占的に支配しているのは検察官である。したがって、検察官側と被告人・弁護人側とは、その保有支配する証拠資料において格段の違いがあり、検察官は圧倒的な優位に立っているのである。

職権主義に立っていた大正刑事訴訟法では、訴訟追行の権利義務はすべて裁判所にあり、裁判所は、検察官側からすべての証拠資料を引き継ぎ、公判において訴訟追行権を行使した。当事者主義・起訴状一本主義を採った現行刑事訴訟法のもとでは、訴訟追行は、当事者である検察官と被告人・弁護人とが共同して、これに当たることになった。ところが、公訴提起の段階では、上述したとおり、検察官が証拠資料を独占しているのである。そのままの状態で（単に証拠請求した証拠だけを開示した状態で）公判審理を行えば、訴訟追行の主導権はもっぱら一方の当事者である検察官の手中に握られることになり、当事者主義に基づく公正な訴訟運営など望むべくもないことになるのである。強制処分権を含む強大な国家権力を行使して証拠資料を独占している検察官が、その手持ち証拠を相手方である被告人・弁護人側にすべて開示し、これを共通の資料として当事者双方が訴訟追行に当たることによって、はじめて実質的に対等な当事者主義が実現するのである。わが国のように、検察官が証拠支配の点において絶対的優位に立っている制度と運用のもとにおいては、当事者主義は、全面証拠開示によって、はじめて公正さを発揮できるのである。

ところが、周知のように、従来実務の運用は全面証拠開示からはほど遠く、反対尋問の必要、証拠の証明力を争う必要など、特段の理由を明らかにして裁判所の訴訟指揮権によって個別的な開示が実現されていたに過ぎない。

改正刑事訴訟法が公判前整理手続の一環として規定する証拠開示は、被告人・弁護人側の証拠開示請求を一定の限度で権利として認めた点において一歩前進であることは評価すべきであろう。しかし、従前の訴訟指揮権による個別的証拠開示を根本的に改めるものではなく、開示されるべき証拠の種類を限定し、実質的に証拠開示の範囲を現在より狭くする危険さえあるのではなかろうか。殊に、捜査報告書やメモ類など内部的資料の体裁を採る証拠の開示を著しく困難にし、また、証拠目録の弁護人への不開示（予断排除を求められる裁判官に開示し、弁護人に開示しないのは背理以外の何物でもない）が規定されることにより、被告人・弁護人側は、検察官手持ち証拠の標目を知る機会を閉ざされたままであるなど欠点が多い。

# 第2章 公判前整理手続はえん罪を増加させる

## ① えん罪を増加させる理由

改正前の刑事訴訟法のもとにおける刑事裁判においては、えん罪が数において少なくないばかりでなく、無罪の判決を獲得するのに甚だ長期にわたり膨大な労力と経済負担を伴う防御活動を余儀なくさせられる、という深刻な事態にあったことは前述した（第2部第4章）。

公判前整理手続は、これを解決し、えん罪を防止するどころか、むしろえん罪を増加させるおそれが強い。その理由は、すでに述べてきたところでもあるが、整理すれば以下のとおりである。

(1)　その最も基本的な理由は、弁護活動において、これまでの無罪獲得の手段方法を使えなくなり、それに代る有効な方策のないことである。従前刑事弁護において無罪判決を獲得するための典型的な方法は、起訴時に証拠固めが完了し、有罪判決ができるまでになっている検察側の証拠体系の脆弱点を見つけることから出発した。例えば、被告人・参考人の供述が不合理な変遷をしている、捜査本部の想定犯罪事実が変更されると、各関係者の供述がそれに沿うように一斉に変更されている、検察官主張の犯罪事実（その多くは自白）に、客観的証拠（八方手を尽くして探すほかはない）と矛盾するところがある、科学的法則に反する点がある、というようなあらを探し出す。そして、それらを根拠に有罪方向の各供述証拠を弾劾し、その証明力を減殺するのである。

公判前整理手続では、このような手段が採れなくなるおそれが強い。すなわち、第一回公判前という初期段階で争点整理を強行され、原則的に全証拠の証拠調請求をさせられる——主張・立証の前倒しを要求される（被告人の主張立証権の制限）のであって、被告人・弁護人側の防禦活動は重大な制約を課されるのである。

捜査の実態は変わらない（各種令状の発付が急速に厳格化する見込みはない）のに、取調べの可視化の進展はなく、一方、捜査規範で要求されていた取調べの都度の調書作成はされず、最終的結論的な供述調書だけが作成されて、捜査の過程は闇に包まれるおそれさえ生じるのである。

その一方で証拠開示に多くの進展は望めない。

(2)　従来のゲリラ的弁護活動に代るべき弁護活動が追求されているが、強力な捜査機関が強大な権限を持って捜査をするのに対し、被告人・弁護人の調査能力に格段の進歩が見込めないので、有効な代替弁護方法はないであろう。

弁護人が証人尋問技術の向上などにより高度の弁護技術の修得と実践に努めることは、もちろん重要であるが、捜査の実態が変わらず、取調べの可視化、取調べへの弁護人の立会権、証拠開示、伝聞法則の徹底、人質司法の改善などに格別の進展がない以上、密室捜査の結果作り上げられた有罪証拠のエッセンスだけが公判に提出される危険は強く、えん罪防止への道は遠いのである。

(3)　裁判員裁判と公判前整理手続とが実施されるようになれば、供述調書は作成されなくなり、いわゆる調書裁判はなくなり、公判中心主義が実現するという考え方があるが、捜査の実態が変わらぬ以上、空想に過ぎないだろう。

## ② 公判前整理手続のもとで刑事弁護はどうなるのか

これまで、公判前整理手続が実施されれば、被告人のための刑訴法上の権利が侵害制約され、無罪の発見、無罪の獲得がますます困難になるであろうことを説いてきた。遺憾ながら、それは正確な予測であるといわざるを得ない。

しかしながら、公判前整理手続はすでに始まっているのである。刑事弁護に従事し、被疑者・被告人に対して責任を負っている弁護人が、えん罪の増加を座視していいわけは勿論ない。では弁護人(弁護士)はどのように対処しようとしているのか。もちろん名案があるわけではないが、要点をまとめておくこととする。

先にも述べたように、刑事弁護、とくに否認事件の弁護は闘いである。まず、捜査及び刑事裁判のあらゆる場面において闘う弁護を確立しなければならない。以下、列記してみることとする。

① まず、裁判官の令状審査の厳格化に向けての努力。被疑者との連絡を密にして、特に逮捕・勾留に関して、担当裁判官に対する意見陳述、準抗告等の不服申立、勾留理由開示請求等を活用し、不当な拘束の排除、拘束期間の短縮を図る。このような努力なしには、捜査の運用の改善は望めない。

② 不当な被疑者取調べの防止。不当な取調べに対して、頻繁な接見、証拠保全の活用、警察官の不当な取調べに対する検察官指揮権の発動要請、移監要請(勾留場所の変更請求)、全面的

録音・録画の要求等のあらゆる有効な手段をもって闘う。

③ 裁判官・裁判所に対して強く保釈請求をする。

④ 公判前整理手続において、必要な場合には、被告人の黙秘権、検察官の主張・立証責任、被告人・弁護人の主張・立証には原則的に時期的制限はないこと、など刑訴法上の原則を断固として主張し、安易な妥協をしない。

⑤ 新設の証拠開示請求権を積極的に活用し、広汎な証拠開示を獲得する。

⑥ 公開原則違反、予断排除原則違反など公判前整理手続そのものの違法性・不当性を主張して、公判前整理手続が被告人の防御権の制約にならぬよう努力する

⑦ 弁護人が法廷における弁護技術（尋問技術、適当な機器を用いての説得技術等）に習熟する。特に、裁判員裁判については、裁判員に対する説得技術を身に付ける。

その他、個別的に挙示すれば、なお種々の点があるであろう。しかし、つまるところ、迂遠のようではあるが、被疑者・被告人の権利を保障するための刑事訴訟法上の諸原則に立脚し、裁判所、捜査訴追機関に対しその厳守を要求して、闘って行く以外に捷径《しょうけい》はないであろう。そして、えん罪を防止するためには、結局陪審制度の採用以外に手段のないことを広く訴えて行くことが肝要であることはいうまでもない。

# 第4部

# 裁判員法を徹底検証する

市民参加という、耳にここちよい言葉にだまされてはいけない。裁判員制度だけが刑事手続のなかで動いているのではない。すでにみてきたように、裁判員制度もまた、第２部で明らかにした捜査・起訴など一連の刑事司法とそれを担う警察官、検察官、裁判官、弁護士などの司法関係者の意識と行動の上で成り立っているものである。この点に留意しつつ、裁判員制度を検証したい。

# 第1章 裁判員裁判の本当の狙いはどこにあるのか

## ① 官僚裁判を強化する

「裁判員の参加する刑事裁判に関する法律」(以下、「裁判員法」という)は、二〇〇四(平成一六)年五月に制定・公布され、裁判員裁判は二〇〇九(平成二一)年五月までに施行される。裁判員裁判とこれに伴う諸制度(以下、「裁判員制度」という)の創設は、内閣の下に設置された「司法制度改革審議会」(一九九九年〜二〇〇一年)が、二〇〇一年に発表した「最終意見書」(以下、「意見書」という)に始まる。意見書は、「裁判内容に国民の健全な社会常識を一層反映させるため、一定の重大事件につき、一般の国民が裁判官と共に裁判内容の決定に参加する制度を新たに導入する」と提言するとともに、「公判前整理手続」についても「裁判の充実・迅速化を図るため、新たな準備手続の創設」を提言している。

意見書の提言を実施に移すための具体的な制度設計に協力するために、内閣に「司法制度改革推進本部」が設けられ、この下に検討会がおかれ、裁判員制度については「裁判員制度・刑事検討会」が担当した。ここでの討議は、二〇〇三(平成一五)年一〇月二八日に「考えられる裁判員制度の概要について」として座長が取りまとめ公表した。裁判員法の骨子はできあがり、その後、国会審議を経て裁判員法が制定・公布された（辻恵・民主党議員は、衆議院本会議の議決に抗議して退場した（辻恵ほか『道義あふれる国へ』〔イプシロン出版企画、二〇〇七年〕）一二九頁）。

上記の裁判員法制定の過程を見ると、裁判員制度を、陪審制度の復活・実現ないし一歩前進とするか、現行の官僚裁判・裁判官権限を強化するものとするかの争いということができる。多種多様の議論があり、鋭い対立もあった。結果は、裁判官の権限を強化する裁判員制度として決着したといわなければならない。

しかし、議論の過程に陪審制度実現の要求があり、裁判員として国民の司法参加が実現されたということから、裁判員制度は陪審制度の一里塚であるという見解が罷り通ることになった。残念ながら、この見解は、以下に見るように裁判員制度の本当の姿を見誤るものである。

裁判員制度・刑事検討会の一員であった裁判官の池田修氏は、裁判員裁判を「陪審型の制度へ移行する前段階ととらえることはできない」（池田修『解説裁判員法』〔弘文堂、二〇〇五年〕三頁）としている。

まず、裁判員制度の狙いと欠陥を明らかにする。

## ② 被告人の人権を無視した拙速裁判

裁判員制度の第一の狙いは、迅速裁判である。迅速裁判というより、被告人の人権を軽んじ無視した拙速裁判というべきである。拙速な裁判員裁判は、えん罪を作ることになるであろう。

裁判員の生活の障害を軽くするため、裁判は迅速でなければならないという、批判を許さない迅速裁判の要請は、その後も、立法と裁判員法の運用を支配しているのである。迅速裁判は、二〇〇三（平成一五）年七月一六日制定の「裁判の迅速化に関する法律」によりその大枠が定められ、裁判員法制度と同日の、公判前整理手続を創設した刑事訴訟法改正は、裁判員法とは一体不可分として迅速裁判の実現を詳細に制度化したのである。

しかし、迅速裁判は、被告人の基本的人権である（憲法三七条一項）。その趣旨は、被告人の手続的苦痛からの早期解放である。このための方策は、勾留の蒸し返しの禁止、勾留期間の制限、迅速な起訴状送達・公判期日の指定、権利保釈等であり、検察官上訴の場合には、その申立て後の未決勾留日数を当然に刑期に算入するのである（刑事訴訟法四九五条二項一号）。アメリカ憲法修正六条の「迅速な裁判を受ける権利」によって保障される「迅速な裁判」とは、不必要且つ被疑者・被告人の希望に反する遅延のない裁判ということである。この権利が侵害された場合、唯一の救済は公訴棄却である。公訴棄却があった場合、同一犯罪に対して被疑者・被告人を再び訴追することはできない（ロランド・V・デル＝カーメン著・佐伯千仭監修『アメリカ刑事手続法概説』〔第一法規、一九九四年〕三七〇〜三七一頁）。

他方、「すべての証人に対して審問する機会を充分に与へられ」る（憲法三七条二項）慎重な手続もまた、憲法の保障する基本的人権である。

この選択は被告人に委ねられているというべきである。略式命令の請求について、異議がない旨の被疑者作成の書面の添付を要件にして、することができる（刑事訴訟法四六二条二項）のは、迅速裁判と証人審問という手続的保障の選択が、被告人にゆだねられているからである。迅速な裁判を被告人に強制することはできない。

司法の役割に対する「国民の要請」（裁判の迅速化に関する法律一条）を受けた裁判の迅速は、被告人の選択を無視し、被告人の反論・反証の機会を奪い拙速裁判に堕し、憲法と刑事訴訟法に規定された被告人の人権を侵害することになるであろう。

## ③ 被告人の権利が制限される

裁判員の負担が過重とならず、審理への実質的関与を確保するために、審理は迅速で分かりやすいものとすることに努めなければならない（裁判員法五一条）、と訓示している。

この趣旨は、冒頭陳述について（同五五条）、公判手続の更新について（同六一条）、繰り返されている。ここには、被告人の人権への配慮が見られない。およそ、裁判員法は、裁判員の負担の軽減を求めるばかりである。被告人の権利・利益の擁護もまた、裁判を担う裁判員の任務であろう。裁判員の負担軽減のために被告人の権利を制限するのは本末転倒である。

具体的には、用語・起訴状の記載の平易化、連日的開廷、当事者の準備の充実、証人の出頭確保とされている（池田修『解説裁判員法』一〇三〜一〇六頁）。

しかし、裁判員の審理への実質的関与、並びに迅速で分かりやすい審理のためには、調書裁判の廃止、取調べの可視化こそ、重要である。被告人供述又は証人の公判証言だけで済むものを、供述調書作成の捜査官を尋問し、その証言を加えて公判供述と供述調書のいずれが信用できるか等という難題に裁判員は耐えられないであろう。まして、裁判員には拘束された被疑者の代用監獄での供述状況は想像するさえ困難を極めるであろう。

調書によらない審理、作成過程の明白な調書による審理であれば、迅速で分かりやすい審理は実現できるのである（なお、取調べ状況は全過程をビデオ・録音によって記録すべきであって記録書面〔刑事訴訟法三一六条の一五第一項八号〕では取調べ状況を明らかにできない）。そして、この本当の意味での、迅速で分かりやすい審理とは、裁判員と被告人の共通の利益でもある。

## ④ 国民を治安確保へ総動員する

裁判員制度の第二の狙いは、国民を裁判という優れて強権的統治の場に呼び出し、国民を処罰作用に参加させることによって、治安確保に総動員することである。事実認定だけを、国民だけで行う陪審制度と裁判員制度が決定的に異なるのは、国民を処罰作用に参加させるという点である。裁判員制度が国民に不人気なのは、裁判官と共にその主導の下で事実を認定し処罰する作業を、嫌っているからである。

意見書は、「国民の統治客体意識から統治主体意識への転換」を称揚し、「国民自らが統治に重い責任を負う」国民の姿を提唱している。ある検察官は、裁判員制度は、国民が社会の安全の確保に参加する制度であり、その運用によって、国民が刑事裁判への理解を深め被害者や目撃者等として刑事裁判に協力するようになり刑事裁判の機能が高まる、と公言している。

裁判員制度の導入は、わが国の司法制度の民主化の頓挫である。陪審制度実現はこれにより半世紀ないし一世紀も遅れることになった、という識者もいる。

## ⑤ 国民を官僚裁判の盾にする

裁判員制度の第三の狙いは、国民を官僚裁判の盾にすることである。

意見書は、裁判員裁判を「刑事訴訟手続において、広く一般の国民が裁判官とともに責任を分担しつつ協働し、裁判内容の決定に主体的、実質的に関与することができる新たな制度」と定義し、これにより国民の司法に対する理解・支持が深まり司法はより強固な国民的基盤を得ることができるようになる、としている。裁判員法は、裁判員裁判は「司法に対する国民の理解の増進とその信頼の向上に資する」としているが（裁判員法一条）、これは誤った見解である。国民が裁判員法によって罰則をもって課された裁判員としての義務は、国民の司法に対する幻滅と不信感を増幅させることになるであろう。

また、裁判官が主導した誤った裁判員裁判に対する批判は、裁判員の盾にさえぎられ、この結果、誤った司法に対する国民の理解・支持が得られるようになるかもしれない。しかし、裁判員制度の狙いは裁判員を経験する国民が増えれば増えるだけ、知れわたり、裁判の権威を損うことになるであろう。

そもそも、今回の司法改革に国民の期待が集まった原因は、四大死刑えん罪事件の反省であった。したがって、法の目的は、同じ轍を再び踏まないという決意の表明とその方策を立てることでなければならなかった。ところが、裁判員法は、裁判員裁判は「司法に対する国民の理解の増進とその信頼の向上に資する」という誤った見解を述べるのみで、これまでの誤った裁判の実状を取り上げようとしない。したがってわが国の刑事裁判の欠陥の原因を探ろうとも、ましてこれを改革しようともしないのである。

「現在の刑事裁判が基本的にきちんと機能しているという評価を前提とし」ている、という居直りともいうべき見解（池田修『解説裁判員法』二頁）は、裁判員法の上記の第三の狙いを、言外に言うのであろう。日本の裁判官には誤判を反省し謝罪するという文化は、ないのであろうか。

司馬遷『史記』の「循吏列伝第五十九」に、官吏たるものがその職務に忠実で正しい道理に従い、身をもって民を導いた模範的な官吏の例がある。

李離は春秋時代の晋の文公の裁判官である。あるとき審理を誤って無実の人を死刑に処してしまった。彼は自ら進んで拘禁され、自分は死刑に相当すると言上した。「裁判官には守るべき法律があります。処罰を誤れば自分も処罰を受け、誤って死刑にすれば自分も死刑を受けなければなりません。このたび誤審をして人を殺しました。私は死刑に処せらるべきです」。

かくて李離は文公の翻意の勧めを拒み、剣の上に身を投げかけて自殺した。司馬遷は、「晋の文公はそれで正しく国法を保ちえた」という。日本に、公正・名判官と称せられた大岡越前守忠相の伝説はあってもこの種の伝統がないのは悲しむべきことである（例えば、四大死刑えん罪事件に関与した多数の裁判官の一人でも反省し謝罪した者がいるであろうか。袴田事件に関与した熊本典道元判事の例は稀有である）。

## ⑥ 裁判員制度は重罰傾向を確定的にする

裁判員裁判では、裁判員は、有罪・無罪の判断だけでなく量刑にたずさわる。量刑は、有罪の場合、刑の種類と刑期または金額を決めることである。刑の執行猶予、保護観察、未決勾留日数の算入等もこれに含まれる。量刑は、被害者の（応報）感情、秩序の維持等の観点のほか、被告人の更生、社会復帰の観点からの考慮も必要であり、被告人の更生可能性の判断は、犯罪病理学、心理学等の知識経験を要する。

事実の認定に多くの関心と時間を取られる裁判員にとって、事件の生々しさ（多くの場合、残酷非情）の印象に圧倒されて、従来の判例等の累積から得られた所謂「量刑相場」を踏まえる裁判官より、被害者の立場で報復の観点から重罰を選ぶのではないかとの不安は否めない。被害者や遺族が法廷で検察官の隣に座り、被告人や証人に直接問いただす、意見を述べる、さらには論告・求刑をするに及んでは、裁判員がこれに巻き込まれ、さながら法廷は復讐の場の観を呈するであろう。

殺人事件に関するマスコミ報道は被害者の遺族の報復感情を前面に出し、特に最近では、死刑煽り報道の観を呈している。

「各裁判所で言い渡される死刑判決は、九〇年代まで多くて年間二〇人台だったのが、二〇〇三年三〇人、二〇〇四年四二人、二〇〇五年三八人と急増し、二〇〇六年には四四人に上った。『殺せ、殺せ』のすさまじい死刑判決ラッシュ。その背景には、メディアに煽られた『厳罰化』世論がある」（山口正紀「死刑と報道」（『週刊金曜日』六三八号二七頁）。論者がメディアの内情を知るジャーナリストであるだけに、病根は深刻であるといわなければならない。

死刑制度の存廃の議論には、宗教的・哲学的・歴史的さらに刑事政策的な多くの要素を考慮に入れなければならない。死刑は、野蛮であり、反文化的である。被害者の復讐感情や犯人の極悪をあおる報道によって死刑制度廃止の声が霞んでしまうのは、死刑廃止の国際的潮流に逆行する憂慮すべき事態である（二〇〇七年五月、国連の拷問禁止委員会は日本政府に死刑執行を速やかに停止することを勧告した）。

二〇〇七年一月一六日付読売新聞によれば、二〇〇六年一二月実施の全国世論調査の結果は、次のとおりである。

| | |
|---|---|
| 死刑制度を存続すべき | 五六・九％ |
| どちらかといえば存続 | 二三・五％ |
| どちらかといえば廃止 | 九・三％ |
| 廃止すべき | 五・三％ |

このような世論に敏感に反応するのも裁判員であり、その量刑意見は重罰の傾向を示す危険がある。裁判官は、国民の声としてこれを受容する危険がある。本来治安維持志向を強く持ち、すでに世論に応えて厳罰化傾向を示している裁判官が、評議において目の前の裁判員の声に迎合しないわけはあるまい。裁判員制度は、重罰化傾向を確定的にするであろう。

井上達夫・東京大学教授は、「素人裁判官と専門家たる裁判官の対立が特に先鋭化するのは量刑をめぐってである」とし、素人裁判員の生の「国民感情」の危険性を指摘し、裁判官によるこの厳罰化へのすり寄り傾向はすでにはじまっていると警鐘を鳴らしている（井上達夫「世論の専制から法の支配へ」中央公論二〇〇七年四月号二六四頁）。

公開された現職の裁判官の参加した多くの模擬裁判では、裁判官は量刑資料を評議の際必携していて，量刑の評議の冒頭に示すこともあり、「量刑相場」と異なる意見が出た場合には、裁判官はこの量刑資料をもって裁判員を説得している。時に、「量刑相場」と異なる軽い量刑が行なわれた場合には、上訴理由とされ、裁判官のみによる控訴・上告審においてこの判決が破棄される可能性は高い。

## ⑦ 公判前整理手続は調書裁判の弊害を強化する

裁判員裁判の対象事件については、第一回の公判期日前に、公判前整理手続に付さなければならない（裁判員法四九条）。

ここでは「公判前整理手続」（刑事訴訟法三一六条の二ないし三二）の問題の概要を述べ、手続の詳細は第3部第3章に述べる。

公判前整理手続は、裁判員の本来の職業や家庭等に過大な負担を及ぼし出頭困難な事態が発生しないようにする配慮から、審理を短期間に終わらせるため設ける、とされた。しかし、この手続は、裁判員裁判の施行が予定される三年以上も前の二〇〇五（平成一七）年一一月一日から、裁判員のいない裁判官だけの裁判で施行されているのであるから、これは口実であり、理由ではない。

公判前整理手続は、刑事訴訟法の基本原理である裁判の公開（憲法八二条一項）に反して密室で一般の監視を避け、裁判所が、従わない弁護人等に制裁を科して職権的に手続を進行させるのである。日本の刑事裁判は、「調書裁判」といわれる。警察官や検察官の作った被告人や証人の供述調書によって裁判が行われているのである。裁判官は、検察官請求の調書を、ほとんどすべて証拠能力ありとして採用する。日本の法廷は、証言によって被告人の有罪か無罪かを決めるのではなく、調書の記載を再確認する場であるといわれる。このような日本の裁判の現状は、裁判官が、捜査官という官僚を信頼し、どのような調書であれ、これに従うことが治安を維持する所以であるという、裁判官の独断に支えられているのである。

治安維持を優先する官僚裁判の病根は深い。治安維持とは、つまるところ、人心の平隠であるから、無実の者を処罰することも治安の維持になることがある。だから、治安維持を優先する余り、無実と知りながら処罰する裁判官もいるはずである。

また、調書裁判は、本来、目撃証人一人で済むものを、目撃証人の他にこの証人の調書を作った捜査官を、また被告人の法廷供述だけで済むものを被告人の供述調書を作った捜査官を証人として何人も何回も調べるという、無駄な時間を費やしているのである。日本の裁判の長期化のほとんど唯一の原因である調書裁判は被告人の反対審問権行使を余儀なくさせて、被告人の迅速な裁判を受ける権利を奪っているのである。

調書裁判の弊害は、裁判員制度の導入に当っても手をつけられず、全く改善されなかった。むしろ、公判前整理手続は、この調書裁判の弊害を強化することになるであろう。これまで、捜査官が作った調書を採用するかどうかの証拠能力の判断は、捜査官の証人尋問等、公開の法廷で審理され、裁判の帰趨を決める最大の山場となっていた。

ところが、驚くべきことに、調書の証拠能力の判断を公判前整理手続でできるようにしたのである。たとえ弁護人・被告人が立ち会った捜査官の証人尋問に基づくとしても、調書が一般の監視のない密室裁判で、裁判官は、証拠能力ありと判断することができることになった。

この調書が、裁判員に対し、被告人が任意に供述した自白、証人が公判廷における証言よりも信用すべき特別の状況下においてした供述として、裁判官から裁判員に調書が示されるのである。裁判員には証拠の証明力の判断ができるとは言っても、「任意にされた」「公判廷の供述よりも信用すべき特別の状況下でされた」と説明を受けて、「この供述は嘘だ」「信用できない」という裁判員がいるであろうか。

## ⑧ 控訴審において官僚裁判官が裁判員裁判を破棄する

裁判員裁判による判決に対する上訴の制限は一切ない。

陪審制度では、被告人であれ原則として法令違反を理由とするもの以外、上訴は認められない。特に、裁判員制度には陪審制度に見られる検察官上訴制限規定がない。検察官は現行と同様、事実誤認をはじめ、量刑不当、法令の適用・解釈の誤り等を理由にして控訴ができる。特に、事実誤認をもって検察官が控訴できるとするのは、陪審制度をとる法制には見られない（日本の停止中の陪審法は、被告人・検察官とも一切控訴できず、事実誤認を理由とするものを除いて上告できるとされている)。

控訴審については、現行法に対する何らの特則も設けられていないので、現行法どおり、検察官は、無罪判決に対してはほぼ例外なく控訴し、官僚裁判官のみの審理に付されることになる。控訴審では、原判決を破棄したうえ、原審と異なる判決を言渡すことができる。

最近の量刑傾向は厳罰化が著しく、一審無期懲役が控訴審で死刑、控訴審無期懲役が上告審で死刑の例は珍しくない。無罪判決が破棄され有罪となる例と合わせ、控訴審と上告審が手付かずの状態で放置されたのは、裁判員制度により国民が「裁判内容の決定に主体的、実質的に関与することができる新たな制度」を構築する本気の姿勢がない何よりの証左であろう。捜査から起訴までの歪んだ構造の改革を放棄し、検察官の控訴を認め官僚裁判官の事実認定についての権限をも丸ごと残した上訴制度を維持したままの裁判員制度は、いわば入口と出口を官僚に監視された建物の中での市民のお喋りに過ぎないのではないかという興ざめの感想を強く抱かせることになるであろう。

控訴審において破棄・差し戻された場合についても、特則はなく、現行法どおりである。差し戻しを受けた地方裁判所では新たな裁判員が選任されて審理が始まるが、現行法では前の審理の結果を引き継ぐ続審とされているから、公判手続の更新が行われることになる。後述の公判の更新手続に表れた問題性は、一層露わになる。これを避けるために、控訴審では「必ず自判とすることにすべきであろう」という見解もある(西野喜一「裁判員制度下の控訴審」〔判例タイムズ一一三七号〕)。こうなると裁判員裁判の本当のねらいが露呈し、裁判員裁判は、裁判の「拙速」等のためにのみ存在するということになるであろう。

なお、上告審についても、現行法に対する何らの特則もなく、現行法どおりである。

判断してください」とだけ言われた。

結局、裁判官の「自発的に」という言葉の強調で、「本件被告人の受身一辺倒のこれまでの人生に対する態度からすれば、『自発性』のかけらは認められない、だから今回も自首は成立しない」という意見が評議の結果支配的になった。

### 量刑評議その２――刑の酌量減軽

上記のように、自首という法律上の刑の減軽事由がなくなり、次に刑の酌量減軽（刑法 66 条）の有無が問題となった。法定刑が死刑と無期懲役のみである以上、まずは酌量減軽をするかどうかの前に本件が「死刑」なのか「無期懲役」なのかを判断することになる。ここでは、被告人の不幸な生い立ちに重点を置いた裁判員の考慮と本件事件に重点をおいた裁判官との意見の違いが鮮明に現れた。裁判員には、被告人はまだ若年でもあり、無軌道な人生も不幸な生い立ちによる、という被告人の人生への同情・共感が意見として多く出された。これに対して右陪席が一人「死刑」を選ぶことに固執した。しかし、彼の説得は功を奏さず、評決で、被告人への刑種は「無期懲役」となった。

強盗致死事件では無期懲役を酌量減軽すると「7 年以上 30 年の懲役」になる。酌量減軽しない場合には、そのまま無期懲役となる。再び議論の焦点は被告人のこれまでの生い立ち、若年ゆえの未熟さをどう考慮するかということであったが、結局は多数で、酌量減軽を認める結論になった。

### 量刑評議その３――宣告刑の選択

そこで、5 年以上 30 年までの処断刑の中から具体的な宣告刑を選ぶ評議に入った。ここでも、裁判官と裁判員の違いが鮮明になった。この事件に焦点を当てる裁判官と、被告人の生い立ちや現在の心境なども重く考慮する裁判員とで分かれた。

評決方法は重いほうから足して 5 票（過半数）になった時点で決するという方式である（裁判員法 67 条）。結果として 3 人の裁判官は重い方の 5 票に入り、そこに 2 人の裁判員の票が入り、その５票目の刑（懲役 20 年）で決することになった。

（奈良地方裁判所で、法曹三者主催の模擬裁判員裁判が 2007 年 3 月 22 日・23 日の両日行われた。この体験記は、裁判員となった大学院生のレポートである）。

# 模擬裁判員裁判体験記

## 事件の概要

事件は、年寄りの運転手を狙ったタクシー強盗である。被告人は20歳で、下車する振りをしてナイフを突きつけたところ、騒がれたのでパニックになり、首筋にナイフを刺して死なせてしまった。つり銭入れを奪ったものの、大変なことをしてしまったとのショックから宿泊先のカプセルホテルで自殺未遂事件を起こす。駆けつけた警察官に事情を聞かれるうちにタクシー強盗が発覚し逮捕される。

被告人は、捜査段階では一貫して被疑事実を認め、公判でもタクシー強盗致死そのものについては争っていない。

公判廷では、双方ともパワーポイントを多用した「近代的」な攻防が繰り広げられた。しかし、一方で、捜査段階の被疑者の供述調書が大量に裁判員に配布された。

量刑の評議に入る前に、右陪席から犯罪事実の認定についての説明があったが、最後まで、「合理的な疑いを超える立証」も、「無罪の推定」も明確に説明（説示）がなされることはなかった。

## 量刑評議その１――自首について

被告人のほうからタクシー強盗の件を告白していれば「発覚する前に自首した」といえよう。しかし、逆に、警察官が自殺未遂に及んだ被告人をタクシー強盗の犯人だと確信してその旨の職務質問をしたのに対して告白した場合には「発覚する前に」とはいえず、自首は成立しない。

ここで、「捜査機関に発覚する前に」の意味が問題となるが、この点について裁判官からは「自発的に犯罪事実の申告をすることが必要です」という説明が加えられた。「たとえばどんな場合ですか」、という裁判員の質問には、「皆さんの常識で

# 第2章　裁判員制度の中身をしっかり見よう

## ①　対象事件を重罪事件に限った

裁判員制度の対象事件は、死刑、無期懲役・禁錮に当る罪にかかる事件と、法定合議事件のうち故意の犯罪行為により被害者を死亡させた罪にかかる事件である（裁判員法二条一項）。

一口で言うと、意見書に言う「法定刑の重い重大犯罪」が対象事件である。

ただし、被告人がその構成員である団体の主張、当該団体の他の構成員の言動等から、裁判員やその親族等に危害が加えられる等のおそれがあり、裁判員の職務の遂行ができないような事情がある場合には、裁判所は対象事件から除外して、裁判官のみの合議体で取り扱うことができるとされている（同三条）。つまり、裁判所は、思想・信教に関する事件等の、事件に対する裁判員との共通認識を欠き国家・社会の根幹に関わる公安事件を対象事件から除外することができるとしたのである。日本の停止中の陪審法もまた、皇室に対する罪、内乱・外患に関する罪、治安維持法の罪等を対象事件から除外しているが、裁判員法の、裁判は治安のためのものであり被告人の人権擁護のためのものではないという国家主義的裁判観の現れであるといわねばならない。陪審法復活の際には、この条文は削除すべきである。

民主的司法にあっては、裁判の法創造機能に着目すべきであり、思想・信教に関する判断の分かれる部分、ないし対立を判決に反映させることによって、裁判は市民の自由を拡張することになるであろう。

裁判員法が、対象を法定刑の重い重大犯罪に限ったのは、意見書が、新制度の円滑な導入のために、その範囲を国民の関心が高く社会的にも影響の大きい犯罪とすべきであるとしたことを受けたものである。しかし、これに対しては、痴漢、窃盗、暴行傷害、名誉毀損等の市民に身近で軽微な事案から始めて、運用が定まるにつれて範囲を広げていくべきではないかとの批判もあった。にもかかわらず上記のような限定が裁判員法の規定に収まったのは、意見書の立法拘束性のほかに次の事情があったとされる。軽微な事案に比較して重大事犯の場合には、多くの争点、多くの証人等の関係者、重い量刑等、裁判員にのしかかる物心両面の重い負担が生じることになる。そうすると、これを少しでも軽減しようという強い意欲が立法・運用関係者に強く働き、より充実・迅速な審理を目指して刑事訴訟全体を改める機会とすることが期待できたというのである（池田修『解説裁判員法』一〇頁参照）。これを言い換えれば、裁判員に重い負担を負わせることによって刑事訴訟の充実・迅速審理の実現を期そうというのである。「充実」とは争点の早期整理のことであり、つまり「迅速裁判実現のために重大事件を対象にした」ということである。

この理由はよく理解できる。ここに、裁判員制度の上記の第一の狙いが、明らかにされているというべきであろう。

## ② 被告人に裁判員裁判を拒否する権利はない

意見書には、自白事件か否認事件かによる区別は設けないこととすべきであるとされ、裁判員法は、たとえ被告人が罪状を認めたとしても、裁判員裁判による裁判からの除外事由にはされていない。

また、意見書は、被告人が裁判員裁判を辞退することは認めないとし、これを受けて、裁判員法は辞退の規定をおいておらず、辞退のしようがない。これは由々しき問題であり、裁判員裁判が被告人の人権擁護のためではなく治安維持のための制度であることを端的に表したものである。このことを意見書は、裁判員裁判は「個々の被告人のためというよりは、国民一般にとって、あるいは裁判制度として重要な意義を有するが故に導入するものである以上、被告人が裁判員裁判を辞退して裁判官のみによる裁判を選択することは認めないこととすべきである」とする。これは重要な意義を有する裁判制度であるから選択を認めないという理由付けとなる。しかし、アメリカでも陪審裁判は重要な意義を有することに異論はあるまい。その上で陪審裁判は国民の憲法上の権利とされ、辞退は権利の放棄であるとして認められているのである。裁判員法が裁判員裁判の辞退を認めないのは、これが国民の権利ではないからであろう。

裁判員裁判の欠陥を理由にして辞退する被告人を強制して、これに従わせようとするのである。

被告人が裁判員裁判を嫌う最も大きな理由は、拙速裁判である。公判前整理手続と連日開廷、短期間審理・結審は、裁判員裁判と不可分のものであり、この手続によって被告人の人権は大きく制限される。この不利益を、被告人に強制しているのである。

なお、日本で陪審法が施行されていた期間、徐々に陪審制度を選択する被告人が減少し、このため遂に施行停止された、として、裁判員裁判に選択を認めるべきではないという裁判員裁判賛成論者がいる。しかし、日本の陪審制度の停止は、戦時体制の下、被告人の人権が無視され、また必罰主義が横行した結果のもので、陪審制度選択の減少もまた、この故である。

## ③ 裁判員の独立が規定されていない

「裁判員は、独立してその職権を行う」とされている（裁判員法八条）。一方、裁判官は、憲法七六条三項により、「その良心に従ひ独立してその職権を行ひ、この憲法及び法律にのみ拘束される」とされている。裁判官の独立の基盤ないし基準が、「良心」、「憲法及び法律」という確固たるものとされるのに対し、裁判員については、これが規定されていない。「良心に従う」というのは有形無形の外部からの圧迫ないし誘惑に屈しないで、自己内心の良識と道徳観に従うことを意味する、とされる（最高裁判所大法廷昭和二三年一一月一七日判決）。

裁判官と異なり、裁判員の独立の基盤が規定されていないのは、法文の簡略化という一事で済まされることではあるまい。裁判員が、「良心に従う」と規定すると、裁判官の説得が圧迫に感じられるとき、裁判員の意見を守る砦になるであろう。また、職権行使が「憲法及び法律にのみ拘束される」と規定すると、裁判員に憲法及び法律の解釈権を認めるニュアンスになり、法令の解釈を裁判官の専権とする裁判員法の他の規定に反することになるであろう。職権と表裏の関係にある職務について、裁判員法九条が（裁判員の義務）として「法令に従い」職務を行わなければならない、と規定するのと併せ読むと、裁判員法は、裁判員の権限は裁判官より劣位にあり、制約されたものとする印象を免れない。

意見書は「裁判員は、評議において、裁判官と基本的に対等の権限を有」するとするが、元々、知識・経験、当該事件における情報量、権限（裁判員の解任にさえ関与する）において大きな格差があるのであって、評議に限定しても、裁判員が裁判官と対等の権限を有するということは到底できない。裁判員の権限行使について、裁判員法が「良心」、「憲法及び法律」を基盤ないし基準としてあげないのは、裁判員の劣位という実態を反映しているものというべきである。

## ④ 強大な裁判官の権限は裁判員を圧倒する

一方、裁判官の権限は、裁判に関するすべてにわたる。法令の解釈に係る判断、訴訟手続に関する判断（家庭裁判所移送決定を除く）、裁判員の関与する判断以外の判断は、裁判官の過半数の意見による（裁判員法六条二項、六八条一項・二項）。

これらの判断は、いずれも専門性・技術性が高く迅速性が求められることから裁判員の関与はふさわしくない、とされるようである。

「法令の解釈」とは、憲法を含む各種法令の解釈である。

「訴訟手続に関する判断」は、判決手続を含む、一連の審判手続に関する判断である。少年の被告人を家庭裁判所に移送する決定を除く移送決定、訴因変更の許否、証拠の採否、弁論の併合・分離、裁判員の選任・解任等である。

「裁判員の関与する判断以外の判断」は、免訴・公訴棄却などの終局判断、勾留、保釈、証人の証言拒否に対する制裁の裁判などである。

裁判員が関与する判断のための評議は、構成裁判官及び裁判員全員が出席して行なう（同六六条一項）。裁判員は独立して職権を行うものとされ、証拠判断についても裁判官同様、自由心証主義が保障されている。

「評議は、裁判長が、これを開き、且つこれを整理する」（裁判所法第七五条二項。なお、裁判員法六六条三項・五項）。

しかし、裁判官と裁判員の間には権限の差がある。まず、裁判員は法令の解釈および訴訟手続に関する判断権はなく、裁判官の、法令解釈に係る判断及び訴訟手続に関する判断に従ってその職務を行なわなければならない（同六六条三項・四項）。ついで、この評議において裁判長は、裁判員に対して必要な法令に関する説明を丁寧に行なうとともに、評議を裁判員に分かりやすいものに整理し、裁判員が発言する機会を十分に設けるなど、裁判員がその職責を十分に果たすことができるように配慮しなければならない（同六六条五項）とされている。こうして、評議の主導権は裁判長が握ることになる。

評議が公正に行われるためには、裁判員が刑事裁判の原則を理解する必要がある。また、裁判官と裁判員が各自の間において平等に評議が行われるためには、裁判員の権利と義務を理解する必要がある。このため、評議に先立つ「説示」の重要性が強調される（伊佐千尋『逆転』第2部の1「陪審員への厳しい注意」の説示の部分を参照。作者によれば、実際、裁判官の説示に陪審員たちはひとしく感銘を受け、事あるごとにこの説示を思い起こし陪審員の職責を全うしたそうである)。

選任された裁判員及び補充裁判員は、裁判長から、その権限・義務その他必要事項の説明を受け、「法令に従い公平誠実にその職務を行うことを誓う」旨の宣誓をしなければならない（同三九条二項)。

宣誓は、職務の基準を「法令」のみとしている。同法九条一項が「裁判員は、法令に従い公平誠実にその職務を行わなければならない」とするのと軌を一にする。

## ⑤ 裁判官による裁判員への「説明」の効果はあるのか

裁判員法三九条一項は「裁判長は、裁判員及び補充裁判員に対し、……権限、義務その他必要な事項を説明するものとする」としている。説明は、裁判員等の選任に当たって行う宣誓（同条二項）の前に行われる。

この説明についいては最高裁判所規則に定められ、「事実の認定は証拠によること」、「被告事件について犯罪の証明は検察官が行うこと」、あるいは「疑わしきは被告人の利益に」の原則を説明することになるであろう。予断排除・無罪推定の原則と任意性・伝聞法則等証拠法則に関する正しい分かりやすい説明は法律に素人の裁判員等には不可欠であり、法に明定すべきであった。最高裁は、説明を陪審制度でいう「説示」と考えているようだが、それにはとうてい及ばない（五十嵐二葉『説示なしには裁判員制度は成功しない』〔現代人文社、二〇〇七年〕参照)。

二〇〇七年六月に、最高裁は、この説明を、最高裁判所規則で定めた。

しかしながら、この説明の効果はほとんど期待できないであろう。捜査官が被疑者に黙秘権を告知して取調べをする場合に、ほとんど全く、黙秘権の行使ができないのと同様である。これは、被疑者が、黙秘権を行使して「黙秘」してもよい事実は、捜査官がしゃべれという事実を含まないと思うからであろう。裁判員もまた、「疑わしきは被告人の利益に」の原則を説明した当の裁判長が、「被告人には有罪の『疑い』はない」というと、この原則に言う「疑い」は自分が思うほど軽いものを言うのではないと思うからである。説明は、評議・評決に加わる者がしてはならないのである。これらの者以外の者によって行われなければならない（なお、石田由希子「アメリカにおける陪審制度に関する実証的研究について——陪審員は、裁判官の説示を理解しているのか——」〔判例タイムズ一二三〇号八三頁以下〕に、説示の無理解、誤解の統計的結果が報告されている）。

## ⑥ 知識・経験が圧倒的にある裁判官に太刀打ちできない

権威において裁判官の優位は否定できない。事実認定や量刑についての知識・経験はその事件一回限りの裁判員よりも裁判官が圧倒的に多い。一定の素材を与えられて事実認定の能力を競えば、優劣付けがたいといえても、現実には事実認定の素材は直接証拠のみではなく間接証拠に及び、無定量であって、取捨選択とその評価は知識・経験によるほかない。記録を身近において常時閲覧可能な裁判官の説得力と、ほとんど記録に触れることのない裁判員のそれとの間には評議において格段の差が出てくる。

証拠の証明力は裁判員の自由な判断にゆだねられる（裁判員法六二条）。証拠の証明力の判断こそ、裁判員の職権の中核である。

裁判員の証明力判断が独立して行われ、裁判官の判断に追随しない制度上の具体的な保障はない。裁判官は、その権限が裁判員の解任に関与できるほどに強大である上、裁判員が事件に関与する前に既に、事件のストーリー・争点、証拠、弁護人の反論・反証を把握していて、稀有の場合を除き、有罪の心証を形成している。この裁判官が、評議をリードするのである。これでも、裁判員の判断は自由でありうるか、独立して行使できるか。

この点が裁判員制度に対する本質的批判である。

また、量刑は、本来つかみ所がなく、量刑基準を知る裁判官が優位に立つであろう。しかし、耳目をそばだてる事件のマスコミ報道から自由ではない裁判員の量刑意見は、時に強烈に厳罰を志向する可能性がある。

裁判員は、評議に出席し意見を述べなければならない（同六六条二項）。とはいえ、権限と知識・経験が圧倒的に強く、常時その間で意思疎通を行っている裁判官三人には到底太刀打ちできない。裁判員は萎縮し、意見を述べないか、発言は裁判官に追随したものになるのは避けがたい。

二〇〇七（平成一九）年四月一〇日付「朝日新聞」は一面トップに「裁判官目立つ市民誘導」と大見出しを掲げ、模擬裁判で、裁判官が裁判員の考えを有罪方向に誘導しすぎる恐れがないかと問題視されている、と報道した。この模擬裁判の評議をモニターしたある弁護士が、評議は「まるで（裁判官による裁判員の）取調べ」と筆者に述べたのが印象的であった。評議室が取調室に何時変わるか、それは裁判官次第であろう。

## ⑦ 裁判員には証拠採否の判断権がない

裁判員は、事実の認定、法令の適用、刑の量定について、裁判官と共に合議し判断するのである（裁判員法六条一項、六六条一項・二項、六七条）。

「事実の認定」とは、刑罰権の存否及び範囲を定める事実の認定をいう。これに対し、訴訟手続上の判断の前提となる事実は、違法収集証拠や自白の任意性の判断のように、事案によっては有罪・無罪の結論に直接影響しうるようなものに関してであれ、裁判員はこの判断に関与できない。

違法収集証拠、捜査官に対する被告人の自白の任意性、捜査官に対する証人の供述の特信性に関する（捜査段階の証拠の採否の）判断について、意見書は、明言していない。ただし、「訴訟手続上の問題等専門性・技術性が高いと思われる事項に裁判員が関与するか否かについては、更なる検討が必要である」としていたため、捜査段階の証拠の採否についての判断に裁判員が関与するかどうかは一つの重要なテーマとされた。

裁判員裁判支持の市民、弁護士の間には、えん罪の温床である代用監獄に拘束された被疑者の自白を排除したい一念から、証拠能力の判断に裁判員は関与すべきであるとの意見が強かった。

免田事件等の四大えん罪事件では、代用監獄における自白の任意性が激しく多くの時間を使って争われたにもかかわらず、裁判官はこの証拠能力を認め、死刑判決が確定した。この教訓が、代用監獄廃止、法曹一元・陪審制度の実現運動を一層加速したといえる。ところで、えん罪根絶の念願からであろうが、あたかも警察官・検察官の調書の証拠能力が裁判員の審査に付されることは既定の方針であるとの噂が横行していた。この一事をもって裁判員裁判支持をいう者もあった。司法制度改革推進本部の裁判員制度・刑事検討会において、裁判員も関与すべき旨の意見が一部委員からあったが、大勢は裁判官の専権とした。被告人の自白や供述の証拠能力について、従来の、常識はずれの、捜査官寄りの、認容決定慣行が崩れることをおそれ、裁判員の関与を排除したのである。

証拠能力についての判断のための審理は構成裁判官のみが行なう（同六条三項参照）。

こうして、裁判員法は裁判官の権限である「訴訟手続に関する判断」の一つとして、証拠能力に関する判断は裁判官の専権としたのである。ここで、裁判員が市民感覚を発揮して審理に関与すれば、虚偽自白によるえん罪を防止できるとの期待は葬られた。代用監獄における虚偽自白は、裁判員法の下では公開されないこともある裁判官の審理に付されることになった。わが国の刑事手続の劣化・後退という他ない。

陪審制度では、証拠を法廷に提出することを許すかどうかの判断は裁判官が行ない、陪審員はこの判断には関与しないことから、裁判員法を妥当とする論者もいる。しかし、陪審制度の証拠法則は厳格で、例えば伝聞法則、証拠禁止法則は徹底していて技術的である。また、証拠能力の審理に当たる裁判官は官僚裁判官ではなく、弁護士経験者から任命された法曹一元裁判官である。これに比べ、わが国の証拠法則は法律上も判例上も極めてルーズであり、予断が容易に入り込む隙がある。しかも、官僚裁判官が判断するのである。証拠の採否は有罪認定の必要によるのではないか、とさえ思われる。

この誤った思考の根源には、警察官、検察官を同僚と見る裁判官の官僚意識があるであろう。また、官僚は誤らないという根拠のない、相互依存の体質もあるであろう。このような官僚意識を否定できるのは、官僚と無縁の市民の関与しかない。しかし、裁判員制度のように、裁判員(市民)が官僚裁判官の影響を受けてしまうことになれば、司法への市民参加の実質は、官僚制裁判と変わらない。

刑事手続の民主主義は、厳格な証拠法則が適用され、法曹一元裁判官に審理の進行がゆだねられる陪審裁判を措いてない。

## ⑧ 裁判官のルーズな証拠能力判断がえん罪を生む

このように証拠能力が、従来の裁判におけると同様ルーズに認容されることから、裁判員裁判に対し、新たな由々しき問題が生じる。

極めてルーズな証拠能力認容の弊害は、知識と経験の豊かな職業裁判官の優れた証明力・証拠価値についての判断能力によって回避され、より多くの証拠に当ることによって真相に一層近づくことができる、とされてきた。

「職業的裁判官ならウソの自白か本当の自白かを見抜くことができる。本当の自白でさえあれば、多少の強制が伴っても、これを採用して有罪とすべきである。——というわけである」(下村幸雄『刑事裁判を問う』〔勁草書房、一九八九年〕二二八頁)。

職業裁判官は神のような能力を持っていて真偽を見分けることができるというこの見解は、経験に反する、思い上がりである（ただし、検察官の調書取調べ請求を却下して無罪判決を書けば上訴審で破棄されると予想し、採用の上徹底的に信用性を否定して無罪判決を書く裁判官を、筆者は知っている）。

問題は、裁判官が特信性あり（刑事訴訟法第三二一条一項二号、三号）、任意性あり（同法三一九条、三二二条）として証拠能力を認めると、捜査官の密室での取調べによって得られた証人や被告人の供述が公判廷での供述と同様、証拠として裁判員の事実認定に供されることになることである。そして、この供述調書は、法廷供述よりも信用性があるとされることになるであろう。

なぜなら、裁判官はこの調書に述べられている供述は公判廷での供述よりも、「信用すべき特別の情況がある」と判断した結果、証拠能力ありとしたのである。また、「強制、拷問又は脅迫による自白、不当に長く抑留又は拘禁された後の自白その他任意にされたものでない疑」（刑事訴訟法三一九条一項）はないと判断した結果、証拠能力を認めたのである。このことは裁判官から裁判員に示される（裁判員法同六六条三項～五項）。

そうすると、裁判員が、調書に記載されたこれらの供述が、公判廷での供述よりも信用性があると思うことになるのは当然であろう。

ここに、裁判員裁判が、えん罪をつくる要因の一つを見ることができるのである。

## ⑨ 無罪の判断は裁判員のみの過半数でできるのか

評議は、裁判員と裁判官が行うが、結論は、構成裁判官及び裁判員の双方の意見を含む合議体の員数の過半数の意見による（裁判員法六七条一項）。

これによれば裁判官三人と裁判員二人の有罪の意見によって、裁判員四人が無罪の意見でも、有罪の判定ができるのである。これでは「一般の国民が裁判の過程に参加し、裁判内容に国民の健全な常識がより反映されるようになる」（意見書）とは言えず、国民の多数意見は顧みられないことになる。意見書の立言からしても、致命的欠陥といわなければならない。

同様に、裁判員のみの多数では被告人に不利な判断をすることはできない。

意見書に「少なくとも、裁判官または裁判員のみによる多数で被告人に不利な決定（有罪の判定など）をすることはできないようにすべきである」とあり、上記条文解釈上も、当然のことで疑いを容れない。被告人に不利な判断をするには一人でも裁判官が含まれなければならないことになる。

ところで、無罪などの有利な判断は、裁判員のみの過半数でできるという注目すべき見解がある。裁判官全員が有罪、裁判員六名または五名が無罪（有罪でない）の場合は、有罪が過半数に達しないので有罪にはできない、つまり無罪ということになる、という（後藤昭他『実務家のための裁判員法入門』〔現代人文社、二〇〇四年〕一三二頁。「座談会・裁判員制度をめぐって」（ジュリスト一二六八号）、陪審法九一条参照）。

この見解によれば、裁判員法の上記条文にいう「裁判員の関与する判断」は被告人に不利な判断を言い、無罪等有利な判断は含まないということになる。また、「疑わしきは被告人の利益に」の法理が働くと見るのであろう。しかし、裁判員法六条が、刑の言渡の判決、刑の免除の判決と並べて無罪の判決に係る判断をもって「裁判員の関与する判断」としていることからすれば、「犯罪の証明がない」」という「判断」もこれに含むといえそうである。そうすると、この判断、即ち「有利な判断」にも、裁判官と裁判員の一人以上が賛成しなければならないことになるであろう。現に、陪審制度の下では、全員一致の有罪意見がないと有罪にできない、つまり無罪ということになるのではない。アメリカでは連邦及び大部分の州においては、陪審員の有罪・無罪の評決は全員一致でなければならない。全員一致に達しない場合、評議不成立（hung jury）になり審理無効となる（前出『アメリカ刑事手続法概説』五六〜五七頁）。

意見書も、少なくとも、不利な決定は裁判員のみの多数ですることができないとしているが、有利な決定はすることができるとはしていない。「少なくとも不利な決定をすることはできないとしているので有利な決定はできる」という読み方は、異論を免れない。無理な解釈は裁判員制度の本当の姿を隠ぺいすることになるのであろう。

## ⑩ 裁判員は適正な量刑ができるのか

量刑について意見が分かれ、その説が各々、構成裁判官及び裁判員の双方の意見を含む合議体の員数の過半数にならないときは、その合議体の判断は、構成裁判官及び裁判員の双方の意見を含む合議体の員数の過半数の意見になるまで、被告人に最も不利な意見の数を順次利益な意見の数に加え、その中で最も利益な意見による（裁判員法六七条二項）。

裁判員法は公布後改訂され、二〇〇七（平成一九）年五月に部分判決制度が創設された。これは、併合関係にある複数事件を事件ごとに分離し、それぞれ別の裁判員裁判体が審理し、そのうち一つの裁判体が有罪とされた事件について情状の審理及び量刑判断を行うものである。裁判員の負担軽減を理由にして、被告人の情状立証、特に犯情に関する証拠調べが制限される等、拙速裁判を強いられることになる。裁判官は複数事件の全てに関与するので、量刑についての裁判官の意見は、裁判員を圧倒し、評議は形骸化するであろう。

## ⑪ 裁判員となる資格は非常に限定されている

裁判員と補充裁判員は、衆議院議員の選挙権を有する者（すなわち、二〇歳以上の日本国民で現に選挙権を有する者）の中から無作為抽出の方法で選ばれた候補者の中から、選任される（選任資格、同一三条）。外国国籍者に裁判員になる資格が与えられていないことは、法制度としては、憲法上の平等原則から見て問題がある。

この中から、以下に述べる欠格事由のある者（一四条）、就職禁止事由のある者（一五条）、不適格事由のある者（一七条、一八条）は、除かれる。また、辞退の申し出をした者の中で、裁判所が辞退事由があると認めた者（一六条）も除かれる。

一四条は、成年被後見人、被保佐人、懲戒免職の日から二年を経過しない者、憲法又は政府を暴力で破壊することを主張する団体を結成し、又は加入した者、義務教育を終了しない者（ただし、義務教育を終了しない者でも、義務教育を終了したものと同等以上の学識を有する者を除く）（一号）、禁錮以上の刑に処せられた者（二号）、心身の故障のため裁判員の職務の遂行に著しい支障がある者（三号）は欠格事由がある者で、裁判員となることができないとする。

さらに一五条は、国会議員、国務大臣、国家公務員、現職及び元職の裁判官・検察官・弁護士、弁理士、司法書士、公証人、警察官、裁判所職員、法務省職員、公安委員会・警察職員、司法修習生、首長、自衛官、大学教授・准教授、逮捕・勾留されている者、被告人等は、一般国民の社会常識を反映させるという観点から適当でないとされ、裁判員の職務につくことができない。

しかし、これらの者が一般国民の社会常識を反映していないというのは理解しがたい。広範な職業または資格者を排除しているが、これは裁判員裁判の裁判官と対等に渡り合える者を排除し、裁判官が評議の主導権を奪われないためのものであろう。現に、陪審法は、在職の官吏、公吏、教員、会期中の議会の議員については「陪審員ノ職務ヲ辞スルコトヲ得」と規定して辞退事由とし、就職禁止事由とはしておらず、検討会でも辞退事由とすべきとの意見があった。

また、辞退事由として、年齢七〇歳以上のもの、会期中の地方公共団体の議会議員、学生・生徒、過去五年以内に裁判員、補充裁判員の職にあった者などは、申し立てによって、裁判員になることの負担を免除すべきものとされるのである（一号〜六号）。

出頭困難な自らの病気・傷害の存在、同居の親族の介護・養育の必要、他の日に行うことができない社会生活上の重要な用務がある場合、その他政令で定める事由がある者も、辞退の申し立てをすることができる（七号）。

「その他政令で定めるやむを得ない事由」がある場合にも辞退の申立ができるとされる。政令制定にあたり、「人を裁くことはできない、死刑の言渡の可能性のある裁判には参加したくない」等の思想信条の自由に基づく辞退を認める意見と辞退事由が多くなると国民参加の意義がなくなるとして容認しない意見とが対立している。「単に裁判員をやりたくないと思っているに過ぎない場合と的確に見分けられるかが甚だ疑問」として、難色を示す意見もある（池田修『解説裁判員法』五四頁）。思想信条の自由に基づく辞退を認めないか、厳しい基準を設けることになると、裁判員制度は憲法上の制度ではないことから違憲性は明白になるであろう。

なお、事件の被告人・被害者、審理に関与した者などは、当該事件について裁判員となることができない（一七条）。

## ⑫ 裁判所は裁判員に対する無制限な忌避権を有する

このほか、裁判所が不公平な裁判をする恐れがあると認めた者は、当該事件について裁判員となることができない（一八条）。「不公平な裁判をするおそれ」とは何を意味するのだろうか。どのような事件でも被告人をもっとも寛大に、あるいは厳罰に処すべきであるとし、または、報道により被告人は当然に無罪または有罪と予断を持っている者等がこれに当たるとされているが、裁判所の運用次第によっては、思想、信教、加入団体などによる差別的扱いもありえ、裁判所は裁判員の無制限の忌避権を有することになるであろう。

裁判員法は国民が裁判員に選任される機会を、一部国民には狭くして裁判官の主導性を確保し、その他の国民には広くして国民の思想信条の自由を侵害する傾向がある。出頭困難な自らの病気・傷害の存在、同居の親族の介護・養育の必要、他の日に行うことができない社会生活上の重要な用務がある場合の解釈は、概ね、該当しないとされる厳しいものになるであろう。

裁判員法は、裁判員になることは国民の義務であるとし、国民に裁判員を強制するものである。国民に裁判員を強制することは、「何人も、……犯罪に因る処罰の場合を除いては、その意に反する苦役に服させられない」と規定する憲法一八条その他に違反するばかりか、国民の裁判員裁判離れを促進し、制度の存否が問われる致命的問題に発展するであろう。

## ⑬ 裁判員選任手続で弁護人は質問ができない

地方裁判所は、毎年九月一日までに次年に必要な裁判候補者の員数を管轄区域内の市町村に割り当て（裁判員法二〇条一項）、市町村の選挙管理委員会は選挙人名簿に登録されている者の中からその員数を裁判員候補者予定者として、くじで選定し、「裁判員候補者予定者名簿」を作り（同二一条）、これをその年の一〇月一五日までに地方裁判所に送付する（同二二条）。

地方裁判所は、これに基づき、次年の「裁判員候補者名簿」を作るのであるが、この時、上記の「選任資格」のない者、「欠格事由」のある者、「就職禁止事由」のある者（被告人などを除く）は、この名簿から消除される。地方裁判所は、「裁判員候補者名簿」に記載された者に、記載された旨通知する（同二五条）。

裁判所は第一回公判期日が定まったときは、裁判員候補者の員数を定め、地方裁判所はこの員数を「裁判員候補者名簿」に記載されたものの中から、くじで選定する。このくじに、検察官及び弁護人は立ち会うことができる（同二六条）。裁判所は、こうして選定された裁判員候補者を呼び出すのであるが、この時、上記の「選任資格」のない者、「欠格事由」のある者、「就職禁止事由」のある者、「辞退事由」があって辞退を申し立てた者、「不適格事由」のある者（「裁判所が不公平な裁判をするおそれがあると認めた者」を除く）は、呼び出さない（同二七条）。

呼び出しを受けた候補者は選任手続期日に出頭しなければならず、正当な理由がなく出頭しないときは、一〇万円以下の過料に処せられる（同八三条）。

この呼び出しに当って、裁判所は、上記の選任資格・欠格事由・就職禁止の事由・辞退理由・不適格事由の有無の判断に必要な質問をするため、裁判員候補者に「質問票」を送付する。質問事項は最高裁判所規則で定まるが、詳細を極めることが予想され、虚偽の回答を記載して裁判所に提出すると五〇万円以下の罰金に処され（同八一条）、虚偽記載は三〇万円以下の過料に処される（同八二条）。質問事項によっては、思想・信条の自由、プライバシーを侵害することがありえる。警察官の証言は信用できるかと質問し、信用できないと回答した裁判員候補者を、不公平な裁判をするおそれがあるとして排除することは、質問事項に合理性はなく、思想・信条の自由を侵害することになるであろう。

呼び出された裁判員候補者の名簿は二日前までに検察官及び弁護人に送付され、上記質問票は裁判員選任手続の期日の日にその写しが検察官及び弁護人に閲覧させられる（同三一条）。訴訟当事者が正当な理由なく候補者の氏名や質問票に記載した内容を漏らしたときは、一年以下の懲役または五〇万円以下の罰金に処せられる（同八〇条）。

裁判員候補者は、裁判官、裁判所書記官、検察官、弁護人、裁判所が必要と認めるときは被告人が出席して行われる裁判員等選任手続において、上記の選任資格・欠格事由・就職禁止の事由・辞退理由・不適格の事由の有無の判断に必要な質問を、裁判長から受ける（同三二ないし三四条）。

裁判員候補者がこの質問に虚偽の陳述をしたときは五〇万円以下の罰金、正当な理由がなく供述を拒みもしくは虚偽の陳述をしたときは三〇万円以下の過料に処される（第八一条、八二条）。質問によっては、質問票の「質問事項」と同様の問題が発生することになるであろう。また、保管された裁判員候補者の回答が将来、思想調査など他の目的に利用されないのか、危惧せざるをえない。

裁判所は、裁判員候補者の回答や陳述等により、上記の選任資格がないと認めたとき、欠格事由・就職禁止の事由・辞退理由・不適格の事由があると認め、辞退事由があって辞退を申し立てたときは、裁判所は、この裁判員候補者について不選任の決定をしなければならない（同三四条）。

## ⑭ 弁護人に不利な裁判員の不選任請求手続

検察官、被告人もしくは弁護人は、裁判員候補者について上記の選任資格がなく、欠格事由・就職禁止の事由・不適格の事由があるときは、不選任の請求をすることができる（同三四条四項）。これを却下する裁判所の決定に対しては、異議の申し立てができる（同三五条一項）。

検察官及び被告人は、裁判員候補者についてそれぞれ四人、例外的合議体の場合は三人まで、理由を示さずに不選任の請求をすることができる（同三六条一項）。補充裁判員を置くときは、裁判所が定めた選任すべき員数により理由を示さない不選任の員数が定められる（同二項）。

裁判所は、呼び出すべき裁判員候補者の員数を定める（同二六条二項）のであるが、呼び出すべき員数が、多くなると、理由を示さない不選任の請求の重要性は、減じてくるであろう。呼び出すべき員数が例えば一四人の場合の各四人よりも、三〇人の場合の各四人が、当事者の裁判員選定に与える影響が減じることは、明白である。現実には、有罪の予断を警戒すべきであるから、裁判員候補者の員数が多ければそれだけ、被告人側が不利になるであろう。また、選任手続期日の二日前までに候補者の氏名を知り、当日になって初めて質問票を閲覧し、直接候補者に質問することもできない弁護人に、有効な不選任請求権の行使は困難である。裁判員候補者等に対する調査能力がゼロに等しい弁護人と、警察組織等を使用して情報を収集する検察官との力の差は、歴然とするであろう。

裁判所は、理由を示さない不選任の請求があった裁判員候補者について、不選任の決定をする（同三六条三項）。

## ⑮ 裁判官にたて突く裁判員は解任される

裁判員・補充裁判員（裁判員等）は、法令に従い公平誠実にその職務を行う義務がある（裁判員法九条、一〇条四項）。

裁判員等は、裁判の公正さに対する信頼を損なうおそれのある行為をしてはならず（同九条三項）、その品位を害するような行為をしてはならない（同九条四項）。

裁判員等は、宣誓の義務、裁判員が関与する判断をするための審理が行われる公判期日等に出頭する義務を負う（同三九条二項、五二条）。

このほか、裁判員は、評議に出頭して意見を述べる義務（同六六条二項）、裁判官の示した法令の解釈にかかる判断、訴訟手続に関する判断に従って職務を行う義務（同四項）、判決などの宣告期日に出頭する義務（同六三条一項）を負う。

出頭・宣誓拒否は一〇万円以下の過料に処される（同八三条）。

上記の裁判員等の義務に反した裁判員等は、検察官、被告人または弁護人の請求により、又は職権により解任されることになる（同法四一条一項、四三条）。

裁判員等が、選任資格を有しないとき、欠格事由・就職禁止事由・不適格事由があるときも、同様である。この場合の解任決定は裁判官が行う（同四一条二項）。

裁判員等が、裁判官の法令解釈に従わなかったり、評議において意見を述べなかったりしたときは解任されることがある。「不公平な裁判をするおそれがあるとき」は、解任される。裁判員等が裁判員候補者であったときに、質問票に虚偽の記載をし、質問に対し陳述を拒み、虚偽の陳述をしていたことが明らかとなったときも、解任されることがある。これらの解任は同じ地方裁判所の別の裁判官が判断する。公判廷において、裁判長の命じた事項に従わなかったり、暴言その他の不穏当な言動をして公判手続の進行を妨げたときは、解任される（同四一条、四三条）。

解任決定に対する不服申し立ては認められていない。解任決定は、当事者にとって不利益ではない、また解任される裁判員等にとっても不利益とは言えないことが理由とされるのである。ここには、国民主権の具体化としての裁判員になる権利という観点はない。裁判員は、裁判所の奉仕人にすぎないのであろうか。あの裁判員はよい質問をしてくれた、優しい目で見つめてくれたとの好印象を持った被告人の利益の観点はない。被告人の不服申立権はない。

ところで、「不公平な裁判をするおそれ」には、裁判員が裁判官と異なる意見を有する場合にも、何らかの形でこれに当たるとされる可能性がある。この場合、裁判長は理由を付して別の裁判官に通知し、通知を受けた裁判所は不公平な裁判をするおそれがあると認めるときは、解任の決定をする（同四三条）。この決定には理由を付さなくてもよい。決定の審理において裁判員には陳述の機会が与えられるが、「評議の秘密」を守るという理由を以って審理は公開されないであろう。同僚裁判官の主張する「理由」と裁判員の「陳述」のどちらを、裁判官は信用するであろうか。

裁判官の意見に同意しない裁判員が解任される場合があるということになれば、裁判員裁判は、評議における裁判官の専断を許すことになるであろう。

国民を官僚裁判の盾にするという、前述の裁判員制度の狙いは、ここにも明らかである。

## ⑯ 裁判員は一生涯沈黙を強制される

裁判員等並びにこれらの職にあった者には、評議の秘密その他の職務上知りえた秘密を漏らしてはならない義務が科され（裁判員法九条二項、第一〇条四項、第七〇条一項）、この義務違反者は、下記の刑罰に処され（同七九条）、裁判員等の職にあるときは解任される。

「評議の秘密」とは、「評議……の経過並びにそれぞれの裁判官及び裁判員の意見並びにその多少の数」をいう、とされる（同七〇条一項）。一方、裁判官には、裁判所法によって、評議の秘密が義務付けられているが、罰則はない（七五条）。

A　裁判員等が、

イ　評議の秘密その他の職務上知りえた秘密を漏らしたとき（同七九条一項）、

ロ　裁判官・裁判員等以外の者に対し、次の事項を述べたとき（同条四項）、

認定すべきであると考える事実

量定すべきであると考える刑

予想される認定事実

予想される量刑

六月以下の懲役または五〇万円以下の罰金に処される（同条一項）。

B　裁判員等の職にあった者が、

イ　「評議の秘密」を除く、職務上知りえた秘密を漏らしたとき、

ロ　「評議の秘密」のうち、裁判官もしくは裁判員の意見又はその多少に数を漏らしたとき、

ハ　財産上の利益その他の利益を得る目的で、「評議の秘密」のうち、評議の経過を漏らしたとき、

六月以下の懲役または五〇万円以下の罰金に処される（同条二項、一項）。

ニ　（単に）評議の経過を漏らしたときは、五〇万円以下の罰金に処される（同条三項）。

ホ　構成裁判官であった者・裁判員等の職にあった者以外の者に対し、当該事件の裁判所による事実の認定又は量刑の当否を述べたときも、六月以下の懲役または五〇万円以下の罰金に処される（同条五項、一項）。

守秘義務の範囲が明確でないことの批判は衆議院・参議院を通じ強く懸念され、両院とも付帯決議をもって守秘義務の範囲を明確にするよう配慮を求めた。

守秘義務を科す理由としては、裁判の信頼性の確保、評議における自由な意見交換の確保、事件関係者のプライバシーや秘密の保護、裁判員自身の保護があげられている。しかし、裁判官に対しては罰則はなく、裁判員のみが守秘義務を負うのである。裁判官の評議等における言動に対する批判封じの感をいなめない。

この守秘義務と、裁判員等に対する接触の禁止条項（同七三条）、裁判員等に対する威迫罪（同七八条）を併せると、裁判員の職務に関する情報は闇の中に没することになるであろう。この規制下では、裁判員裁判についてのマスコミ報道は困難を強いられることになるであろう。

これらは、裁判員等に対し、印象深かった経験の沈黙を刑罰をもって強制し、一生涯、配偶者や子にも語れない、マスコミ取材にも応じられないという苦痛の状況に置くのである。裁判員制度にとって、この沈黙は問題点の摘出を不可能にし、改善・発展の芽を摘み取ってしまうであろう。

## ⑰　被告人は公判前の鑑定申立に対応できない

第一回公判期日前に鑑定の実施ができる（裁判員法五〇条）のも、鑑定のために長期間審理が中断するのは裁判員の手前、好ましくないからとされている。しかし、これは、密室において、証人調べの決定をするにとどまらず、証人調べまで行なおうとするに等しい。

鑑定は事件によっては有罪・無罪を分ける決定的証拠である。鑑定申立は、証拠の集積を待って行うべきもの、その実施は鑑定資料の収集・選択に基づくものであるから、公判前は、検察官の開示した有罪証拠と自ら収集したごく少量の証拠を持つに過ぎない被告人・弁護人が、鑑定申立及びその実施に対応することは困難である。公判前整理手続が終わった後には、原則として証拠調べの請求ができない（刑事訴訟法三一六条の三二）のであるから、やむなく行う公判前整理手続での被告人の鑑定申立及びその実施に対する対応は、粗雑の誹りを免れないであろう。

## ⑱ 裁判員裁判の更新手続は憲法に違反する

合議体に新たに裁判員が加わるときは、「公判手続を更新しなければならない」。「更新の手続きは、新たに加わった裁判員が、争点及び取り調べた証拠を理解することができ、かつ、その負担が過重にならないようなものとしなければならない」（裁判員法六一条）とするが、具体的には何らの定めもない。

裁判官が代わったときの更新手続についての規定（刑事訴訟規則二一三条の二）は、人証を書証として調べるやり方であるが、全面的やりなおしとされている。裁判官は法廷外で記録に当たることができ、実質的な心証形成が期待できるとして、規定自体には特に異論はない。

しかし、この規定は、裁判員交代の場合には適用できない。法廷で、人証を書証に代えるとしても全面的やり直しをし、裁判員に法廷外で記録に当たることを期待することは、裁判員には時間の余裕がないこと、連日開廷をする等の裁判日程の窮屈からして、無理がある。

ところで、裁判は、当事者の弁論及び証拠から直接に心証を形成してしなければならない。合議体構成の裁判長、あるいは当事者の弁論や証拠の要約、説明を、弁論・証拠として裁判員が評議に臨むことは、争点及び証拠を理解できたと仮定しても、他人の心証を踏襲しているおそれがあり、また証拠でないものから心証を形成するという二重の誤りを犯すことになる。

裁判員のために手続の更新を許す上記規定は、被告人に法の公正な手続を保障する憲法三一条、公平な裁判所を保障する憲法三七条一項に違反するものである。

陪審制裁判がそうであるように、審理を初めからやり直す他に、方法はない。ところが、やり直すことになると、裁判員選任手続から行うことになり、迅速な裁判を受ける被告人の権利（憲法三七条一項）を侵害することになるであろう（大久保太郎「『違憲のデパート』裁判員制度実施の不可能性（上）」〔判例時報一八八三号〕参照）。

## ⑲ 裁判員は判決書に署名・押印しない

裁判員は、こうして評決に達した事件の判決、決定の宣告期日には出頭しなければならない。但し、裁判員が出頭しないでも、判決、決定は宣告される（裁判員法六三条一項）。この宣告によって裁判員の任務は終了する（同四八条）。ところで、判決書は宣告の時点で作成されていないのが通常であり、この後に作成される。裁判官が作成し署名押印して完成する。裁判員は署名押印しない。

仮に、評議に基づかないで裁判官が勝手に内容を宣告しても、宣告が終わると裁判員でなくなるので、異議申出の機会はない。無罪を有罪とすることはよもやあるまいが、判決理由を変え、量刑を重くする等はありえないことではあるまい。裁判員が世間に訴えようにも、評議の秘密を漏らしたとして処罰されることになるので、容易なことではないであろう。

## ⑳ 裁判員等に近づいてはならない

労働者は、裁判員等、裁判員候補者であり、これらの者であったことを理由として、不利益な取扱は受けない（裁判員法七一条）。もっとも、欠勤した時間に相当する賃金の支払いを受けないことは、この不利益取扱いに当らないとされている。また、休業による営業上の損失は補償されない。日当は上限一万円とされる。

何人も、裁判員等、裁判員候補者・予定者の個人を特定できる情報を公にしてはならない。これでは、裁判員が職場の同僚に、「裁判員」でありこのため欠勤するというのもはばかられる。これらであった者の個人情報についても、本人の同意を得ないで公にしてはならない（同七二条）。

何人も、被告事件に関し、当該被告事件の裁判員等に接触してはならない。何人も職務上知り得た秘密を知る目的で、裁判員等に接触してはならない（同七三条）。「何人も」とは配偶者や子も含むであろう。裁判員は孤独でなければならないことになる。

法令に定める手続により行う場合を除き、裁判員等に対し、その職務に関し請託し、事実の認定、量刑等の判断について意見を述べ又は情報を提供した者は、二年以下の懲役又は二〇万円以下の罰金に処せられる（裁判員法七七条）。

どのような行為がこの罰則に問われるのか、極めてあいまいであり、およそ裁判員等との接触がことごとく禁止されることになるであろう。なお、裁判員等は公務員に該当するので、その職務に関する賄賂の収受等については、賄賂罪（刑法一九七条以下）が成立する。

「被告人は無罪」「被告人は死刑」あるいは、「被告人は反省して読経している」等と述べるとこれに該当するとされるが、係属中の事件報道でこのようなことが語られる例は多く、特に捜査・裁判批判の報道に対する規制は、今後大きな問題となるであろう。たとえば、被告人のアリバイを報道し捜査方法に疑問を呈すると、この罰則に問われることになるであろう。

被告事件に関し、当該被告事件の裁判員等、もしくは裁判員等であった者又はその親族に対し、威迫の行為をした者は、二年以下の懲役又は二〇万円以下の罰金に処せられる（同七八条）。

前条と同様に、どのような行為がこの罰則に問われるのか、極めてあいまいであり、裁判員等との接触の規制を拡大して罰則化し、およそ裁判員等との接触がことごとく禁止されることになるであろう。

## ㉑ 三年後に裁判員制度は見直される

裁判員法附則八条は「政府は、この法律の施行後三年を経過した場合において、この法律の施行の状況について検討を加え、必要があると認めるときは、その結果に基づいて、裁判員の参加する刑事裁判の制度が我が国の司法制度の基盤としての役割を十全に果たすことができるよう、所要の措置を講ずるものとする」と規定している。

裁判員制度の施行後の試行錯誤は、法もまた予想するところである。

このとき、このえん罪をつくる裁判員制度は、被告人、裁判員等、弁護士界、一部の裁判官、マスコミ関係者及びこれらをとりまく国民の広範な反対の前に、抜本的に改革され、または廃止されることになるであろう。

問題は裁判員制度が実質上廃止された後の、新たな裁判制度である。

旧来の官僚裁判制度に逆戻りさせてはならないし、そうはならないであろう。

陪審制度の復活・実現は、焦眉の課題といわねばならない。

# 第5部

特別寄稿

# 陪審裁判の復活のために

佐伯千仭

「陪審裁判の復活のために」の初出は、龍谷法学 24 巻 1 号（龍谷大学法学会、1991 年）。その後、佐伯千仭著『陪審裁判の復活』〔第一法規出版、1996 年〕に収録。

なお、本文中本書とあるのは、佐伯千仭『陪審裁判の復活』のことである。

---

**佐伯千仭**　さえき・ちひろ

1907 年、熊本県に生まれる。1930 年、京都帝国大学卒業。同大学教授、立命館大学教授を歴任。弁護士登録（大阪弁護士会所属）。「陪審制度を復活する会」代表世話人。2006（平成 18）年 9 月 1 日死去。
主な著書に、『刑事裁判と人権』、『法曹と人権感覚』（以上、法律文化社）、『刑法に於ける期待可能性の思想』、『刑法における違法性の理論』（以上、有斐閣）、『陪審裁判の復活』（第一法規出版）などがある。

# 陪審裁判の復活は、佐伯先生の遺言

不学の筆者は佐伯千仭先生の「私の見た刑事訴訟法の二五年」（ジュリスト五五一号〔一九九四年〕）を読むまで、先生のお名前を知らなかった。日米最高裁の判例を比較し、「わが国の刑事被告人の地位がいかに弱く惨めなものか」を慨歎、「権利は戦いによってのみ守られ、実現せられる」とイェーリングの言葉を引かれていた。

たまたま、欧米社会の発展を促したのは個人の自由と、人権尊重の思想であることを読んでいた。「自由を守ることによって、最も大きな安全が保障される。我々は強いから自由なのではなく、逆に、自由だから強いのだ。我々の生活のすべては、この考えの正しさの上に立っている」というフェルマン教授の被疑者の権利についての指摘に感銘をうけていた折である。

(″Talks on American Law″,1955)

″Our greatest security will be found in maintaining our freedom. We are not free because we are strong; on the contrary, we are strong because we are free. Our whole way of life rests upon the verity of this proposition.″

以来、勝手に佐伯先生を師と仰ぎ、東京の「陪審裁判を考える会」に講演をお願いしたり、京都下鴨のお宅へ押しかけては、貴重なご教示をいただいてきた。

＊

人権保障に厚いといわれながら、なぜ戦後の刑事訴訟法に三二一条のような抜け穴ができてしまったのか、常々疑問をもっていた。証人の検事調書には「公判期日における供述よりも前の供述を信用すべき特別の情況の存するときに限る」という条件がついているが、ほとんど例外なく裁判官の一存で有罪の証拠とされ、公判での供述は無視される。

また任意性に疑いある自白調書の証拠能力を認めては無実の被告人を有罪にしてしまう危険があり、刑訴三一九条に証拠の禁止が規定されている。この規定についても、あるべき審理はなく、パターン化セレモニー化した恣意的運用が裁判を長期化し、無辜有罪誤判の大きな原因となっている。

「いいところに気がつきましたね。少し時日を下さい」と先生は言われ、二カ月ほどして「やっと判りましたよ」と京都のお宅から長距離電話をいただいた。間もなく分厚い封書がとどき、藁半紙に根気よく鉛筆で手書きされたその長い説明が後年、石松竹雄判事退官記念『刑事裁判の復興』（勁草書房、一九九〇年）所収の「証拠法における戦時法の残照」（後に、佐伯千仭『陪審裁判の復活』〔第一法規、一九九六年〕に再収録）である。旧刑事訴訟法三四三条を挙げ、戦前ですら証拠能力を認められなかった検事調書が、戦時特別法を経て戦後も証拠能力を得るに至った経緯が詳しく記されていた。旧刑訴では「法令により作成された文書」として検事調書は扱われず、単なる「聞き取り書」にすぎないから原則として排除されていた。戦前の方が直接主義が徹底しており、新刑訴を現在のように解釈運用し、これを下級審にも押し付ける最高裁の裁判統制こそ冤罪を生む元凶であるとの感を深めた。

＊

東京の「陪審裁判を考える会」に次いで新潟、大阪にも「陪審制度を復活する会」（一九九五年）が発足した。その席上さる弁護士が「陪審制だけでなく、参審制も視野に入れて論議を交わしたらどうか」と提案した。誰も反対せず、これはまずいと感じたが突然、佐伯先生が立ち上がって、「この会は陪審の会であって参審の会ではないから、その必要はない」と語気鋭く、いつも温顔の先生が厳しい表情で一刀両断にされた。

内閣の人選による司法改革審議会が発足する少し前、大阪弁護士会がシンポジュウム「国民の司法参加——陪審制か参審制か」（一九九八年一〇月）を開催、平野龍一東大名誉教授の基調報告があった。

刑事裁判絶望論の氏にしては意外な陪審違憲論で、「陪審は復活する必要がなかったから五〇年が過ぎたのであり、今になって復活しろとは三百代言だ」と奇妙な意見を展開、「三百代言はそのまま平野先生にお返ししよう」と佐伯先生が憤然と反論された。

＊

ここに掲載する「陪審裁判の復活のために」は、その時の顛末が中心となっている。

陪審法は戦前から存在した実定法で、戦時中戦争激化を理由に停止されたに過ぎない。陪審法再開は政府の国民に対する公約であり、政府にはそれを守る義務があり、復活するかどうかの決定は委ねていない。どう復活させるかが問題で、陪審制の代わりに参審制を入れるなど、そのような選択肢も与えていない。政府は陪審法と停止に関する法律に拘束されており、「復活する必要がなかったから」などという説明で片づく問題ではない。

東京の会でも最初から警戒してきたのは、国民の司法参加の要求を政府が拒めなくなった時、形だけの参審制でお茶を濁されてしまうことであり、それでは官僚統制の本質を残し、官僚主導の裁判制度を脱却できない。

今度の司法改革では、案じていたように政府は捜査には手もつけず、公判もそれを承けて従前のまま、参審制まがいの裁判員法を押しつけてきた。職業裁判官三人と市民裁判員六人という構成で、市民裁判員が主体的に証拠を評価しにくく、裁判官の影響を受けず自律的に事実認定が困難なシステムである。裁判官が自説を押し通すことのできる評決方法など、裁判は無実の発見と言いながら「有罪判事」が多い現状で、無辜を有罪にしない手続の上での安全弁を欠いては、人権保護を宗とすべき刑事裁判の鉄則に反する。

だが、「全ては運用次第で、陪審制への一里塚」とこれを肯定的に見る向きもあれば、「陪審であれば何の問題もないことも、裁判官が同席することにより問題が生じる。評議はその最たるもの、しかし今はよりよい裁判員制度に向かって努力するほかはない」という忍従的な考え方もある。

思い余って下鴨に佐伯先生をお訪ねすると、「私は刑法改正の時も最後は一人になりましたが、初心を変えませんでしたよ」と諭すように言われた。「私たちはこれまで正しい主張をしてきました。案ともいえぬそのようなものに、こちらからすり寄って行く必要はありません。そうすることは、身を汚すことになり、私はこのままの体で死にたい」。

先生はその言葉通り、静かに毅然として逝かれた。我々は先生の遺志を拳々服膺《けんけんふくよう》して、為政者の目論みがどこにあるかを見抜き、このような悪法を次世代に残してはならない。

陪審裁判の復活は、佐伯先生の遺言である。

（伊佐千尋）

# 陪審裁判の復活のために

佐伯千仭

## 一　はじめに

陪審裁判が現実の問題として当局によってもとりあげられ始めたようである。しかし、それはわが国に陪審制を採り入れることの可否とか、陪審制か参審制かという選択の問題として論じられているのである。私は、このような現在の陪審問題のとりあげ方には問題があると考えている。何故ならば、陪審制はわが国には、戦前から既に陪審法として存在し施行せられてきた裁判制度であって、それは単に先年の戦争の熾烈化のために、戦争継続中に限り一時その施行を停止することにし、戦争の終了をまって再び施行するという約束で、昭和一八年四月一日の「陪審法ノ停止ニ関スル法律」（昭和一八年法八八号）によってその施行を停止せられているに過ぎないものだからである。その附則では「陪審法ハ大東亜戦争終了後再施行スルモノトシ其ノ施行ノ期日ハ各条ニ付勅令ヲ以テ之ヲ定ム」ということになっていた（戦後、昭和二一年三月二二日の勅令一六一号で、この『附則第三項中「大東亜戦争」ヲ「今次ノ戦争」ニ改ム』ということになった）のであるから、実はとっくに再施行せられていなければならなかったものである。それが戦後四〇年も経過しながら現在もなお放置されているという事実をこそまず問題とせられねばならぬ筋合いのものである。この点についてひとりの責任を負う者もなく、またこれを追及する声さえ殆んど聞こえぬのは不思議というほかはない。

或いは、戦後制定せられた新憲法には、陪審制についての明文が欠けているから、新憲法上はそれを認めがたいのだという意見があるようであるが、国民主権を支柱としていると解されている日本国憲法が、司法についてのみは国民の参加を認めず、裁判官僚の専権にこれを委ねているのだという議論は奇怪である。そのような議論が一顧だに値しないことは、右の昭和二一年三月二二日勅令第一六一号の存在および憲法下の実定法である裁判所法三条三項が「この法律の規定は、刑事について、別に法律で陪審の制度を設けることを妨げない」と明文をもって定めていることによっても明らかである。憲法自体に何故、陪審についての明文がおかれなかったかは、一つの研究課題であろうが、私は陪審法施行当時からわが国の裁判所と検察庁のなかには極めて根強い陪審反対論があって、戦時中の同法の一時的施行停止の際にも、いっそ陪審制度など廃止してしまえという要求がその方面から強く主張せられたという事実——これについては、後で本文でも言及する（五の二の（3））——からみて、新憲法制定に当ってもそのような力が大きく働いたのではなかったかと考えている。このような実務の世界の大勢に押されて学界でも陪審制の復活をとなえる声は殆んどあがらず、むしろ日本の国民性は、お上の裁きを有難がり、仲間から裁かれるのを好まないというような陪審制反対論が大手を振ってまかり通っている状態であるために、施行停止時の約束であった戦争終了後の再施行ということも、ずるずると気楽に放置されたままで済んだのである。

しかし、近年、最高裁まで行っても上告棄却になった幾つもの死刑事件について再審無罪の裁判が相次ぐにつれて刑事裁判の現場における事実認定を担当する裁判官の自由心証主義の頽廃——一旦検察官が起訴した以上、有罪にしておけば間違いないという検面調書至上主義の弊害——が国民の目にもはっきり見えるようになってきた。陪審裁判復活の声はこうしてあがり始めたのである。

現下のわが国が直面している問題は、陪審制の可否とか陪審制か参審制かというような生ぬるい問題ではない。それは、戦争のため一時施行を停止せられたまま戦後既に四〇年間経過したのに依然放置されたままになっているわが国の実定法たる陪審法を「復活」することである。復活といっても、もちろんそれは戦前の状態を前提として制定された陪審法をそのままの姿で復活することではなく、復活に当っては今日のわが国の状態に即応するような改正、強化を施されての復活でなければならぬことはいうまでもないことである。

私は、わが刑事訴訟法学界が真剣にこの緊急重大な問題と四つに取り組むようになることを待望する。

本稿は、私が平成二年五月三日の京都テレビで水野、山崎の両弁護士と行なった「陪審制度を考える」というテレビ放送のために準備した原稿に、放送後あちこちから受けた質問や要望を考慮して、手を入れたものである。今回それが従来から繁田教授による陪審問題についての多数の貴重な研究が発表されてきた本誌「龍谷法学」上に掲載されることになったのは筆者として大きな喜びである。

## (二) 今日の日本における無罪率の驚くべき減少と続出する誤判

一 わが国の刑事裁判における無罪率が、戦後、制定せられた現行刑事訴訟法のもとにおいて極端に減少し特に昭和二九年(一九五四年)以降は一%にも達せず、それもこの数年は〇・一%に過ぎないという状態である。戦前にはこのようなことはなかった。最高裁判所事務総局から発表された「明治以降裁判統計要覧」(昭和四四年九月)その他で調べてみると、明治四一年から大正一二年までの一六年間の旧旧刑訴法が施行された時期における地裁事件の無罪率は最高六・九%(大正五年・一九一六年)、最低三・五%(大正八年・一九一九年)で、平均すると五・一%であった。さらにそれに続く大正一三年から戦時刑事特別法が施行されるまでの一七年間の旧刑事訴訟法が施行された時期の無罪率も依然二・六%になるのである。尤も最高裁判所事務総局の説明では、昭和二九年(一九五四年)に至って無罪率が一%を割るに至っており、それで無罪率が略完全に「旧法時代の率に復帰した」ことになるとされているが(法曹時報七巻一〇号七二頁)、それはどうも適用される証拠法も違っていた旧刑訴法時代の区裁判所事件をも合算されたためで、地裁事件のみの無罪率は一%以下に降ったことはなかったように思われる。(1) さらに、昭和三年から昭和一八年まで地方裁判所で行なわれた陪審裁判における無罪率は、それよりもっと高かったようで、その施行された期間を通じての無罪率は一七%弱であって、例えば、殺人罪についてはその六・三%が、放火罪では実にその三一%が無罪になっていたのであって、司法当局者も、たとえ陪審にかかるのが否認事件のみだとしても注目に値するところだとしていたのである。従って戦後のわが国の刑事裁判における無罪率が例年一%以下であって、殆んど無罪判決の絶滅に近いような状態になっていることは、現行刑訴法の施行が齎した――殆んど他に類のない――最も著しい結果であるということになるのである。(2)

(1) 佐伯「刑事訴訟法の四〇年と無罪率の減少」一九八九年三月ジュリスト九五一号一六頁以下（本書四五頁以下）。

(2) なお、これについては、検察官が有罪になることの確かな事件しか起訴しない（起訴猶予・刑訴二四八条）からだという説明がある（中山「日本の刑事司法の特色」三井外編『日本の刑事手続』上・三）。しかし、起訴猶予、微罪不検挙ということは既に明治時代――日清戦争当時――から存することであって、それにもかかわらず、明治時代から大正時代にかけての無罪率は平均五・一%だったのである（佐伯・上掲ジュリスト九三〇号一八頁上段・本書四八頁）。

二　右のような無罪率の殆んど消滅に近いほどの減少については、それこそわが国の警察・検察及び刑事裁判機構の優秀さを示すものだという楽観論が強いが、そうとばかりはいえない。このことは、特に近年になってから、一旦死刑の言渡しが確定した事件について再審の結果逆転して無罪となる事件が相次いでいるという事実によって証明されている。例えば（一）免田事件（昭和二三年一二月二九日に熊本県下人吉市で起きた強盗殺人致傷事件について、昭和二六年一二月二五日の最高裁の上告棄却で確定していた死刑判決は、熊本地裁八代支部が昭和五八年七月一五日言渡した再審判決で覆され無罪となった）、（二）財田川事件（昭和二五年二月二八日に香川県下で起きた強盗殺人事件について、昭和三二年一月二二日の最高裁の上告棄却で確定していた死刑判決が、昭和五九年三月一二日の高松地裁の再審判決で無罪となった)、(三)松山事件(昭和三〇年一〇月一八日の宮城県下松山町在の強盗殺人、放火事件について、同じく昭和三五年一一月一日の最高裁の上告棄却で確定していた死刑判決が、昭和五九年七月一一日の仙台地裁の再審判決で無罪となった)、(四)島田事件(昭和二九年三月一〇日に静岡県下で起きた幼女に対する強姦致傷、殺人事件について、最高裁の昭和三五年一二月一五日の上告棄却で確定した死刑判決について、平成元年一月二六日の静岡地裁再審判決で無罪となった)というように、一旦は最高裁まで上告したが覆せなかった死刑判決が、その後の被告人本人と弁護人や周囲の後援者の長年の努力によって次ぎ次ぎにそれらの誤判だったことが証明され、死刑執行の直前まで行っていた人達がいずれも晴れて青天白日の身になったのである。一旦は上告を申立てた最高裁判所でさえ間違いないとされた有罪の確定判決が、このように次ぎ次ぎととんでもない冤罪だったことが明らかになった実例——法律の素人から見ると、こんな事実があったのに、どうしてそれを無視して有罪の認定ができたのかと不思議がられるような——がこのように現れているという事実、しかもそれらが最初の免田事件を除けばいずれも現行刑事訴訟法が施行され裁判所も既に充分にそれに習熟したと思われる時期に言渡されたものであるのに、最後の頼みとして上告された最高裁判所においてさえその誤判が看過され維持されてきたという事実は、現在のわが刑事裁判の在り方のどこかに重大な欠陥があることを疑わせるものであって、前記のわが国の刑事裁判における無罪率が〇・一%にも達しないといわれることも、わが国の刑事裁判の他に比類のない優秀さを示すものというよりも、むしろわが国の裁判所では本来無罪たるべき者までも有罪とされているからではないかという疑いを抱かざるを得ないのである。(1)

(1) これについても詳しくは、佐伯前掲「刑事訴訟法の四〇年と無罪率の減少」一六頁以下(本書四五頁以下)参照。

右のように無罪率が限りなく零に近づこうとしている今日のわが国の刑事裁判の傾向は、私見によれば、次に見るように昭和二四年以来施行せられてきた現行刑事訴訟法の構造――特にその証拠に関する規定（三二〇条以下）と判決の仕方についての規定（三三五条）――とその実際の運用の仕方に密接な関係があるように思われるのである。

## ㈢ 無罪判決の出にくいわが国の刑事裁判の仕組（現在の証拠法と判決の仕方）

### 一　被告人の自白調書・参考人の供述調書

まず、現行刑訴法の証拠規定によれば、

⑴　警察官や検察官によって作られた被告人の自白調書（供述録取書）はもちろん、その私人に対して述べたことを書き取った書面でも、それが「任意の供述」を録取したものと認められさえすれば、裁判所は証拠能力があるものとしてそれを有罪認定の証拠とすることができる（三一九条一項、三二二条）。「証拠とすることができる」（証拠能力）とは、それを証拠として法廷で取り調べてもよいことであって、それを真実と信じて有罪の認定をしてよい（証拠の証明力）ということではない。そうかどうかは裁判官の自由心証に委ねられることになるのである（三一八条）。しかし、その「任意性」は、裁判の実際では、極めて容易に認められる傾向があり、任意性がないという理由でその取調請求が却下されることなど滅多にないのである。しかも、犯罪捜査の段階では、捜査官（警察官、検察官）は逮捕・勾留された被疑者――殆んどの被疑者が逮捕・勾留される――に対して合計二三日もその拘束状態を利用して被疑事実について追及し取調べたうえで、その結果を自白調書に作ることが許されているのであって、今日わが国で起訴されている殆んど全ての刑事事件についてこのような自白調書が証拠として検察官により取調を請求せられ、しかもそれらが実際の公判で証拠能力なしと

して却下されることなど殆んどなく採用せられ、さらに証明力もあるとして有罪認定の証拠にされているというのがわが刑事裁判の実情であることを考えれば、わが国の刑事裁判で無罪判決の出ることが例外中の例外だということになるのは当然であろう。

(2) さらに被告人以外の参考人、証人が法廷外で述べた供述を録取した書類についても、法律は、裁判官に対するもの、検察官に対するものとその他の者に対するものとを区別し、それらの者の死亡、心身の故障、所在不明又は国外にいるため法廷で直接証言させることができないときにはそれらを証拠にすること（証拠能力）を認めるとともに、さらに裁判官と検察官に対する供述録取書については、それらの者が実際に証人として法廷で証言したことが、前に作られた供述調書と違った場合にも一定の条件のもとに有罪認定の証拠にすることを許している（三二一条）。その条件は、裁判官面前調書の場合には寛大で単に前にした供述と証言が異なるだけでよいが（同条一項一号）——これはそこで予想されている裁判官面前調書は、刑訴法二二七、二二八条により公判前の証人尋問が請求された場合のそれであり、そこでは宣誓させることになっているので、両方とも裁判官の前で宣誓した上でなされた供述録取書だからである——検察官面前調書については、両者が相反するか実質的に異なり、且つ法廷の証言よりも前の検面調書中の供述を信用すべき特別の情況が存しなければならないことになっている（同条一項二号）。現に法廷で宣誓のうえ検察官や弁護人の主尋問、反対尋問を受けた証言こそ裁判における証拠とするに値するのであって、被告人のいないところで、宣誓なしに検察官に対してなされた参考人の検面調書中の供述を、公判廷の証言よりも信用すべきものたらしめる特別の情況（特信情況）など滅多にあるものではないと考えるのが常識であって、右の法案もそのような趣旨でよくよくの例外として認めたものと解せられるのであるが、わが裁判所における現実の法運用はそうはなっておらず、むしろそのような特信情況がないとして検察官からの検面調書の取調請求が却下されること（証拠能力の否定）などは殆んどないといってよいのである。全国の刑事法廷では、逆に右の規定によって、法廷の証言と相違する内容の――被告人に不利な――検面調書がどんどん証拠能力ありとして採用せられ、さらに時には「証明力については別に考慮しますから」と断られることもあるけれども、殆んどの場合にはそのまま有罪認定の証拠とされているのである。

(3) 右のような事態は、わが国の刑事裁判の仕組が証拠能力について判断した裁判官がさらにその証拠の証明力についても判断する建前になっている以上むしろ当然の結果である。しかし、理論的には、証拠能力の有無を決定する人と、証拠能力があるとされた証拠についてさらにその証明力の有無を判断する人とは別の人でなければならないのである（この問題については本稿後段**六**の三で再論する）。しかし、ここでは、まず証拠能力についての条文が何故右のような解釈・運用を受けることになったのか？ ということが問題とせられねばならぬが、それは、後に**四**節で詳しく述べるように、旧刑訴法の戦時刑事特別法による歪曲が戦時中だけでなく戦後にまで維持せられ――何故ならそれは裁判官や検察官にとって仕事を楽にして呉れる何より結構な法律であった――戦後の刑事応急措置法もそのような方向で作成・運用され、新刑事訴訟法の制定に際しても極力そのような運用のできる状態を維持しようとする趣旨で臨まれたからである。これは次の判決理由の書き方についての三三五条にもそのまま当て嵌る。

## 二 有罪判決の証拠説明

次に有罪の判決書の書き方にも問題がある。有罪の判決を言渡すためには、裁判所が認定した「罪となるべき事実」（犯罪事実）と証拠によってそれを認めた理由（証拠理由）、及びそれに適用した法令（法律理由）を明示しなければならぬことになっている（現三三五条一項）。このうち最も問題になるのは証拠理由であるが、戦前の旧刑事訴訟法では、それは「証拠ニ依リ之ヲ認メタル理由」、例えば右に認定した被害者何某殺害の事実は、被告人のこれこれという法廷の供述、証人誰それのしかじかという証言及び鑑定人何某のこれこれという鑑定書の記載並びに押収にかかる出刃包丁一挺によってこれを認めるというような丁寧な証拠理由の説明が附されていた（旧刑訴法三六〇条一項）。それで判決文を読めば、成る程、これでは有罪になるのは当然だなと人を納得させるだけの説得力をもっていたし、また裁判官も無責任な有罪の言渡しをすることはできなかったのである。ところが、現行刑訴法では、その点については単に「証拠の標目」を羅列すれば足り、いちいちその証拠の中身を示すことは要らぬことになっている。しかし、どのような証拠で何を認定したかという証拠理由の明示は、判決の国民に対する説得力を保障するために最も大切な要件であり、現在のように右判示事実は証人誰それの検察官に対する何年何月何日付供述録取書、証人何某の当法廷における証言、鑑定人何某の鑑定書の記載、押収にかかるこれこれによりこれを認めるといった証拠の標目の羅列だけでは一向説得力がない。それでは、単に裁判所の有罪認定は次に標目を列挙する証拠によったのだから国民は左様心得ろという押し付けに過ぎない。しかも、「判決理由のくいちがい」、特に認定された事実とその理由とされた証拠との間のくいちがいは、従来から有罪を言渡された被告人のための絶対的上訴理由として重要視されており（旧刑訴四一〇条一九号）、現行刑訴法にも同様な条文がちゃんとおかれてはいるけれども（現行刑訴三七八条四号）、単なる証拠の標目の羅列だけでは、どの証拠のどの部分でどの判示事実が認定されたかをはっきり理解できないのであるから――判決においてそこまで明確に判示しておくべきだという我々の年来の主張は黙殺されたままである――その効果も旧法当時のそれに及ばないのである。そして、このことがまた、今日では旧法時代に較べて、気楽に有罪判決を言渡せる――逆に無罪判決をしようとすると、検察官の上訴を考えて詳細すぎる程詳細な証拠説明をしておかねばならぬので誠に気が重い――というような雰囲気を裁判所内に醸成し、それらが現在の無罪判決の消滅傾向をもたらしているのだと思われるのである。

三　ついでにつけ加えておくが、右の自白調書が作られる逮捕勾留中の被疑者の扱いが、実は問題であって、本来自由であるべき弁護人との接見も、捜査の妨げになると考えられると、捜査官（検察官、検察事務官、司法警察職員）の接見指定（刑訴三九条三項）によって阻止せられ、実際には被疑者が逮捕後にまず弁護人と面接して相談したうえで取調に応ずるということさえ容易ではないのである。捜査官のなかには弁護人と接見させる前に被疑者を取調べて調書をとろうとする者が少くなく、その被疑者取調に弁護人が立会うことなどは、わが国ではまだ全くの夢物語に過ぎない。(1) さらにそのような捜査の結果、検察官が押収した証拠物或いは作成した被疑者自身もしくは参考人の供述録取書は、公訴提起後も、すべて検察官の手中に握られていて、弁護人はそれを自由に閲覧し被告事件の弁護のために利用する方法さえ閉ざされているのであるから（証拠開示の問題）、たとい公判手続に入ってから後は、いわゆる当事者訴訟の形式がとられ検察官と被告人とが対等の訴訟当事者として扱われることになるといっても、その際の被告人は、捜査中逮捕勾留によって身体の自由を奪われ――なおその期間も、旧刑訴法の一〇日間に対して、今日では逮捕状により警察で二日、検察庁で一日、更に勾留状によって一〇日、それも更新できるのでもう一〇日間、合計二三日或いはそれ以上にも及ぶことが多い――所有し所持していた物も捜索、押収によってすべて奪いとられ完全に武装を解除された丸裸の姿で法廷に現れるのであって、これに対して相手方の検察官は右のように被告人から取り上げた武器まで身につけて完全武装の姿で登場するのであるから、たとえ弁護人の介添えがあるとしたところで、その弁護人も六法全書以外には何の権力も有せず、右のように検察官が権力によって入手した証拠を自由に利用する方法さえ閉ざされているのである。われわれは長年起訴後の検察官手持証拠の全面開示を主張しているが、それすらも今日までわが最高裁判所によっても拒まれたままなのである。従って、わが刑事裁判の公判手続における当事者主義は真に対等平等な当事者間の戦いではなく、巨人と幼児の相撲にも比すべき当事者主義のカリカチュアに過ぎないという現実が、右の無罪判決の激減の一番根本にわだかまっていることが忘れられてはならないのである。

（1）　これはそこで作られた供述調書の任意性について問題とする余地があるということである。被疑者が逮捕後弁護人に相談してから取調べに応ずるというにも拘らず、それをさせないで取調べ自白調書をとったところで、それは本来は憲法三四条（弁護人依頼権）の違反であり——何故ならば、憲法のいう「直ちに」（三四条）且つ「いかなる場合にも」（三七条三項）保障されている「弁護人依頼」の権利とは、英文憲法のそれらの条文にあるように資格のある弁護人の、「援助」を、実際に受ける（Shall have the Assistance of competent counsel）ということであって、決して単に弁護人選任届に連署するだけのことではないのだから——任意性は否定せられなければならない。佐伯「刑事訴訟法の四〇年を顧みて」（現在では、佐伯「刑事法と人権感覚」一九九四年二一九頁以下）、大阪弁護士会編『刑事裁判の現状と問題点——刑事弁護活動の充実のため』（一九八九年）五九頁以下。なお、このような見地から最近に至って各地の弁護士会で当番弁護士の制度が発足して身柄を拘束された被疑者の要求があれば直ちに駆けつけて援助することになってきたのは心強い限りである。国選弁護の制度は捜査段階にまで拡げられるべきである。

## 四　有罪判決に対して厳しかった旧刑訴法の証拠と判決についての規定、戦時刑事特別法によるその歪曲と応急措置法及び現行刑訴法によるその継受

一　旧刑事訴訟法及び陪審法の下における無罪率と戦時刑事特別法及び陪審法の停止

右に刑事裁判における無罪率を殆んど零にまで近づけようとしている最大の原因として現行刑訴法の証拠法と判決の仕方等を見てきたが、以前のわが刑事裁判における無罪率は、冒頭に見たように決してそんなに低くはなかったのである。すなわち、明治から大正一二年までの一六年間の旧旧刑訴法の下での無罪率は平均五・一%だったし、それに続く大正一三年から昭和一五年までの一七年間の旧刑訴法の下での無罪率は二・六%であったし、昭和三年から施行せられた陪審裁判における無罪率の平均は一七%弱だったのである。しかし、

わが国が昭和初頭から突入していった一五年戦争の戦況悪化によって、昭和一七年にはまず戦時刑事特別法が制定施行されて、旧刑訴法の証拠法及び判決書の書き方について重大な変更が加えられ、それまでに較べて頗る容易に有罪判決を下せるように改められ、さらに昭和一八年には同じ理由から陪審法についてもその施行が戦時中停止されてしまった。但し、それはあくまで戦時中に限っての施行停止で、「大東亜戦争終了後再施行スルモノ」とされていたのである（昭和一八年四月一日法八八号附則三項）。それ以後の昭和一六年から同二〇年までの無罪判決の状態については、統計の発表されたものが見当らないけれども、おそらく無罪率は急激に減少して行ったものと思われる。統計は漸く敗戦後の昭和二一年の分からまた発表され始めたようであるが、そこでの無罪率は一・二％（二一年）から〇・五％（二二年）と動いた後（昭和二三年欠）、昭和二四年から同二八年までは何とか一％台を維持したものの、昭和二九年には〇・八％と一％を割り、爾来一貫して今日までそれが続いており、しかもそれは更に低下して行く傾向を示しているのである。右にそれを維持しているのが現行刑訴法の証拠と判決の仕方についての規定であると述べたが、ここでは無罪率のいまより高かった当時の旧刑事訴訟法の証拠法と判決書の証拠理由の説明についての規定が、今日よりも有罪の言渡しに対して厳しい枠をはめていたこと、及び陪審裁判における民衆参加がたとえ限られた程度においてであるにしても認められていた状態を眺め、次いでそれらが右の戦時立法である戦時刑事特別法と「陪審法ノ停止ニ関スル法律」によっていかに緩められてしまったか、さらにその戦時刑事特別法の証拠に関する規定が実質上戦後の現行刑訴法にまで引継がれ、他方では戦時状態が終了した後には当然再施行せられねばならなかったはずの陪審法は、今日まで全然仮死状態におかれたまま顧みられないで来ているという事実、そしてそれらの事情が集って無罪判決を今日の殆んど絶滅に近い状態に陥しいれているのだということを見なければならない。

## 二　旧刑事訴訟法の証拠法

大正一三年から施行せられた旧刑事訴訟法（大正一一年法七五号）の下では、検事や警察官、或いは私人に対する被告人の自白を録取した書面はもちろん、証人や参考人のそれらの者に対する供述を録取した書類も、裁判で有罪認定の証拠とすることは許されないのが原則であった。旧刑訴法三四三条によると、「被告人其ノ他ノ者ノ供述ヲ録取シタル書類ニシテ法令ニ依リ作成シタル訊問調書ニ非サルモノハ左ノ場合ニ限リ之ヲ証拠ト為スコトヲ得」とせられていたが、その例外的に証拠となし得る場合とは、供述者が死亡したとき、疾病其の他の事由で供述者を訊問できないとき、訴訟関係人に異議のないときに限定せられ、ただ軽微な事件を扱う区裁判所の事件についてはその制限によることを要しないとされていた。つまり、刑事事件の中核である地方裁判所の事件については、被告人はもちろん被告人以外の者についても、検事や警察官が——私人はもちろんのこと——その供述を録取した書面——いわゆる聴取書——を作っても、それらは「法令に依り作成したる訊問調書」ではないので、それを地方裁判所で有罪判決を下すための証拠とすることはできなかったのである。

それではそのように証拠とすることの許される「法令に依り作成したる訊問調書」とはどんなものだったかというと、それは予審判事または区裁判所判事によって作成されるのが原則で、検事や司法警察官は捜査上訊問その他の強制処分が必要だと考えたときは、それらの「強制処分」を予審判事または区裁判所判事に請求することになっていたのである（旧二五五条）。ただ例外的に被疑者が住居不定であるとかその他のいわゆる要急事件について勾引状を発することが認められていた場合（旧一二三条）とか、現行犯逮捕の場合（旧一二七条及び一二九条）には、検事、司法警察官も被疑者を訊問してその結果を調書にとることが認められていたから（旧五六条、五九条）、それらの場合には、それらも法令に依り作成したる訊問調書といえたのであるが、それらはあくまで例外だったのである。そうでない場合には、検事や司法警察官が被疑者や参考人を取調べて聴取書を作ったところで——旧刑訴法でも強制力を用いない任意捜査としての被疑者や参考人の取調べ（いわゆる承諾同行により任意供述を求めること）は許されており、そこで作られるのが聴取書であった——それらは「法令ニ依リ作成シタル訊問調書」ではなく、単に「供述を録取シタル書類」に過ぎなかったので、地方裁判所の事件では有罪の証拠とすることはできなかったのである。すなわち、今日では裁判所でどんどん証拠に採用され有罪認定の証拠とされている捜査中に作成された参考人の検面調書（現三二一条一項二号後段）とか、或いは被告人自身の同じく捜査中に警察官や検察官によって作成せられた被疑事実を認めた内容の自供調書（三二二条）なども、旧刑訴法の下では有罪の証拠とすることはできなかったのである。これは、それらの警察や検察庁の密室で、——公平な裁判官によるコントロールも、また弁護人による援助もなしに警察官や検察官の一方的な取調によって——作成せられるいわゆる聴取書には、捜査側取調官の主観や思い込みが滲みこんでいて果して供述者がそのように任意に且つ自由に供述したのか、それともそのように無理に供述させられ、あるいは「それは違う」というのに強引に署名押印せられたのか分らないので、それらをそのまま裁判所の有罪認定に利用させることは危険であると考えられたからであって、至極尤もなことであった。そして、このことが、さきに見た判決書には証拠理由を明白に説明しておかねばならぬとした規定（旧三六〇条）と相俟って、その時代の刑事裁判における無罪率をさきに見たような程度に保たせたのだと思われるのである。[1]

しかし、以上のことは戦前の犯罪捜査において拷問や人権蹂躪がなかったというわけではない。その頃は捜査中は弁護人を選任することが許されていなかったのである。そのうえ起訴前の勾留が一〇日間に限られていたといっても、警察ではいわゆる盥回しで、一旦釈放してもまた出たところで再逮捕しては他の警察に留置するというやり方で半年も一年も拘束されるというようなことがあった。その口実も、例えば住居不定という認定をすれば警察犯処罰令（一条三号の浮浪罪）で二九日間は警察に留置できることになっていたので、それを利用すれば至極簡単にそれができたのである。しかしこれらは明らかに警察犯処罰令の浮浪罪規定の濫用であったが、ここではそのような濫用によらなければ、起訴前の勾留は一〇日間に限るという旧刑事訴訟法の規定の枠を超えることができなかったということが重要なのである。

（1）　旧刑訴法の時代にも警察官や検察官による被疑者、参考人の取調べは、もちろん今日同様に、あるいはそれ以上に行なわれていたのであって、且つその際作られるいわゆる「聴取書」は公訴提起と同時に一件記録として、蒐集せられた証拠物とともに裁判所に送致せられていたのである。なお、公訴の提起は簡単な事件については管轄裁判所に起訴状を提出することによって行なわれたが（直公判）、複雑・困難な事件については予審請求によって行なわれ（二八八条）、この場合には予審判事の事件を公判に付する旨の終結決定によって、事件は公判裁判所に係属することになっていた（三一二条）。そして、このように公訴の提起を受けた公判裁判所では、特に裁判長は公判前にそれらの一件記録及び証拠の全部に目を通し詳細な手控えを作り、事件の全体について充分な予備知識を得たうえで公判に臨み、被告人訊問を行ったのであった（三三八条、三四五条）。そこでは公判審理の中心は正しくこの被告人訊問におかれていたのである。そこでももちろん、証拠とすることのできる訊問調書その他の証拠物は、すべて法廷に顕出し被告人の意見弁解を聞くことになっていた（三四七条）。この点、今日のいわゆる起訴状一本主義――公訴提起に当っては起訴状を裁判所に提出するだけで、証拠の提出はもちろんその内容の引用さえ禁止されている――によって裁判官が公判前に証拠に接することを防止されているいわゆる予断排除ということは全然問題にならなかったのである。しかも、当時の裁判官は、公判前に一件記録中の証拠とすることのできない検事や警察官の作成した聴取書にも目を通していたのであるが、ただそれらを有罪認定の証拠とすることは許されなかった。しかし実際にはそれらの内容は殆んど証拠とすることの許される予審訊問調書或いは二五五条による強制処分の請求を受けた裁判官によって作成されるいわゆる訊問調書のなかに濾過せられ吸収されていたので、それらを直接目にすることはむしろ裁判官に捜査機関によって行なわれた捜査の実体を認識せしめ、それに対して批判的な立場に立つことを可能にしていたようにも思われるのである。

## 三　旧刑訴法の有罪判決における証拠理由についての規定

さきにも一言したように、旧刑訴法三六〇条は有罪の判決を言渡すには、認定した罪となるべき事実、及び法令の適用と共に、さらに右の罪となるべき事実（犯罪事実）を「証拠に依り之を認めたる理由を説明」すべきものと規定していたので、裁判官が有罪を言渡すに当ってはいちいち法廷に現れたどの証拠のどの部分でどの事実を認めたのかを判決書中に記載する必要があり、それが有罪判決に説得力を与えるとともに有罪の言渡しそのものを慎重にしたといえるのである。もっとも、その反面において、裁判長の被告人に対する訊問は——前注にも述べたように旧刑訴法の公判では、被告人や証人に対する訊問は裁判長が起訴と共に検事から送付された一件記録を予め熟読したうえで、自ら行なったのであり、検事や弁護人はこの裁判長の訊問の後にその許可を得て補充的な訊問をするに止まっていた（三三八条）——否認する被告人に対しては頗る追及的で秋霜烈日という言葉が当るように辛辣を極めるものであることも稀ではなく、旧刑訴法下においても、一旦被告人席に座らされた者にとって無罪判決の言渡を受けることは決して容易ではなかったのである。

## 四　戦時刑事特別法による証拠法の歪曲

しかし、昭和六年の満州事変以降わが国が突入して行った戦争状態は、遂に大東亜戦争に拡大し、重大化した戦局のため昭和一七年二月には遂に戦時刑事特別法（法六四号）が制定されるに至った。それは、緒戦の勝利に酔う間もなく、連合軍の海上封鎖に会って本土上空まで敵機の空襲下に曝されるに至り、全国民にとっては食糧も不足勝ちで配給制となり、鉄道網は爆撃によって寸断せられ、夜は燈火管制下に暗黒の生活が続くという状態になったために、このような法律が作られたのである。この法律は、燈火管制下の窃盗その他の犯罪に対する法定刑を加重し、また刑事事件についての弁護人の数まで制限する規定をおくとともに、刑事裁判の手続にたいしても、その二五条と二六条の二つの条文によって次のように重大な変化を加えたのである。

(1)　まず、その二五条では「地方裁判所ノ事件ト雖モ、刑事訴訟法三四三条一項ニ規定スル制限ニ依ルコトヲ要セス」と規定した。これは、日増しに逼迫して行く戦争状態においては、地方裁判所の事件についても、従来のように検事や警察官の聴取書などを法令に依り作成されたる訊問調書でないから証拠にはできないなどと窮屈なことをいっていたのでは迅速な裁判は期待できないので、戦時下の特例として右の証拠についての刑事訴訟法の制度を緩和するということであった。このたった一個の条文によって、検事や警察官の作った被告人その他の者の聴取書も、法令に依り作成したる訊問調書と同じように地方裁判所の事件についても有罪認定の証拠とすることができることになった。これで戦時下の有罪判決の言渡しは、確かに大変容易になり迅速にもなったのであるが、それは大変な証拠法の変更だったのである。

(2) もうひとつの二六条は、さきにも一言した旧刑事訴訟法三六〇条の有罪の言渡しをするためには、罪となるべき事実及び法令の適用のほかに、証拠に依り右の罪となるべき事実を認めた理由を示さなければならないという条文を改めて、その事実認定に用いた「証拠の標目」さえ掲げておけばよいということに改めた。当時の敵機の空襲にさらされて夜も燈火管制で真っ暗闇の中で生活しなければならなかった情況の下では、裁判官もいちいち証拠理由を説明した判決文を書くことも困難であったろうし、このような扱いにより、裁判官の判決書きの仕事が大変楽になったことは確かであったろう。しかし、それが判決書の説得力を減少させたことも確かであった。なお、それが単なる裁判事務の省力化のための変更に止まるためには、その証拠の標目の示し方は、罪となるべき事実のどの部分をどの証拠のどの部分によって認定したのかということが後でそれを読む者にもはっきり判るようなやり方でなされる必要があったのであるが——我々は当時そのことを主張した[(1)]——実際にはそのような扱いにはならなかったし、しかも、そのようなやり方は現行刑訴法三三五条においてもそのまま引継がれているのである。

(1) 佐伯「戦時下における我が刑政の発展——戦時刑事特別法を中心として」一九四二年法学論叢四六巻四号五九一頁以下、「刑事訴訟法の四〇年を顧みて」一九八九年(「刑事法と人権感覚」二一九頁以下)、さらに、「証拠法における戦時法の残照」一九九〇年一二月、石松竹雄判事退官記念『刑事裁判の復興』一〇七頁以下(本書五九頁以下)。

## 五　戦後の刑事応急措置法とそれを受けた現行刑訴法の証拠法

右の戦時刑事特別法は敗戦の結果、昭和二〇年一二月に廃止せられた。戦時という特定の時期を限って定められた法律として当然の運命であるが、本来ならばそこですぐ元の旧刑事訴訟法三四三条や三六〇条が復活させられるべきであった。しかし、米軍による占領中ではそうはゆかず、むしろ昭和二二年五月三日の新憲法の施行と同時に「刑事応急措置法」（正確には「日本国憲法の施行に伴う刑事訴訟法の応急措置に関する法律」）が制定施行せられた(1)。

(1)　この刑事応急措置法はその一〇条以下に証拠についての新しい規定を設けるとともに旧刑訴法三四三条については、戦時刑事特別法二五条と同時に「これを適用しない」と明言していた（一二条二項）。そして、その三四三条によれば有罪認定の証拠にできなかった検事や警察官の作成した参考人その他の者の供述を録取した書類（聴取書）でも、その「供述者又は作成者を公判期日において訊問する機会」を被告人に与えさえすれば――それが不能又は著しく困難なら与えなくても――証拠とすることができるというように規定したのである。しかし、憲法三七条二項の証人審問権の保障は、証人の供述がなされるのと同じ機会に行使できねば実効がない。このように公判が始まった後でやっと認められる証人審問のチャンスなどは、供述録取書に附きまとっている伝聞禁止の呪縛を解除してそれを有罪認定の証拠たらしめるための儀式あるいは「おまじない」に過ぎないのである。従って、この応急措置法の規定も、実は、旧刑訴法の下では証拠となり得なかった検事や警察官の聴取書に対してまで証拠能力を拡大した戦時刑事特別法の二五条の役割を戦後にも引続き存続させるためのいわば化粧直しを施したものに過ぎなかったのである。現行刑訴法の下における証拠法の運用の実態もさらにそれを引継いだものであることは、さきに見たとおりである。

(2)　この応急措置法も、戦時刑事特別法のもうひとつの特色であった二六条の有罪判決の証拠理由を示すには証拠の標目を示すだけで足りるという規定は引継いでいなかった。それなのに現行刑訴法三三五条は、さきにも述べたようにそれまで復活させているのである。

このように見てくると、さきに、我々は今日のわが国の裁判の仕組み――特に現行刑事訴訟法の証拠法と判決の仕方についての規定――が無罪判決を出しにくくしているのだと述べたが、その根源は、実は、現行刑事訴訟法の証拠法と判決の仕方についての規定が、戦時下の特殊な事情の下で作られた戦時刑事特別法を戦後もなお大筋においてそのまま受け継ぎ存続させてきたことに基づくということが明らかになったであろう。

（1）　前掲「証拠法における戦時法の残照」「石松竹雄判事退官記念・刑事裁判の復興」一〇七頁以下（本書五九頁以下）。

## 五　陪審法の制定実施の状況とその問題点及び戦時状態を理由とするその施行停止

一　陪審法は大正時代に、当時の指導的な弁護士――江木衷、原嘉道、花井卓蔵、鵜沢総明ら――を中心とする制定運動と時の政友会内閣の首相であった原敬の強力な推進によって大正一二年に制定せられ、昭和三年一〇月一日から本格的に（一部は施行準備のため二年から）施行せられてきた法律である。成立当時、民衆の司法参加として大いに歓迎せられたものであった。

(1)　この陪審法によると、被告人が公訴事実を争っている刑事事件については、もしそれが死刑又は無期の懲役若くは禁錮に該る事件であれば必らず陪審の評議に付せられ（法定陪審）、またそれが長期三年を超ゆる有期の懲役若くは禁錮に該る事件ならば被告人の請求によって陪審の評議に付するということになっており（請求陪審）、なお前の場合は陪審を辞退することができ、また後の場合にも一旦行った請求を取下げることが許されていた（二、三、六、七条）。

(2) 地方の情況により陪審の評議が公平を失する虞があるときは、管轄移転の請求ができたが、それができるのは検察官のみであって、被告人にはそれを請求する権利がなかった（八条以下）。

(3) 陪審は一定の資格（帝国臣民たる三〇歳以上の男子で引続き二年以上同一市町村に居住し、且つ同じ期間直接国税三円以上を納めており、且つ読み書きができること）を備えた一二名の陪審員によって構成されることになっていた。その構成は、各市町村に備えつけてある陪審員候補者名簿からその都度抽籤で選ばれる三六名の候補者のうち二四名以上出席した公判廷でその資格を審査したうえで、パスした候補者の氏名票だけを入れた抽選函からその氏名票を一票宛抽出して、検事と被告人それぞれに陪審員及び補充陪審員の員数を超過する員数について各その半数について、その候補者を忌避するかどうかを確かめることになっていたが、その際もその忌避の理由を示す必要はなかった（専断的忌避）。どちらからでも忌避された候補者は除外して行き、こうして決まる当籤者の数が一二名（補充陪審員があればさらにその数を加えた人数）に達するまでそれを続けるという方法によった（二七、二九、六一乃至六七条）。

(4) 陪審手続は、公判準備期日と公判手続とに分れていた。

(イ) 公判準備期日（三五条以下）は、陪審にかかる事件があると、裁判長はまず公判準備の期日を定め、検察官、被告人、弁護人（なければ官選弁護人を付ける）列席のうえ、まず法定陪審事件については陪審にかけられることを辞退できる旨を告げることになっていた（四一条）。辞退しなかったときは、裁判長は公訴事実につき被告人を訊問し、さらに公判期日のために自主的に又は当事者の証拠申請を受けて証拠決定を行ない、また必要があれば実際に期日外の証人訊問もできた。また公訴棄却、管轄違い、或いは免訴の理由があることが分ったときは、この公判準備期日の段階でそれぞれその旨の決定を下すことになっていた。このような公判準備期日の手続については公判準備調書が作成せられ、それは公判期日で証拠とされた。

(ロ) 公判手続では、まず呼び出された二四名以上の陪審員のなかから、前のような手続で一二名の陪審員及び補充陪審員を決定し宣誓させた後に、その立会のもとに審理に入ったのであるが、そこではまず検察官の被告事件の陳述があった後、裁判長自ら（場合によっては指名された陪席判事が）被告人訊問を行い、さらに証人、鑑定人等の訊問その他の証拠調を行ったのである。検察官、弁護人も許可を得て訊問できた。このように陪審裁判における証拠は、陪審の面前で裁判所が直接に取調べたものでなければならず（七一条）、しかもそれは有罪か無罪かを決定するために必要な証拠のみに限られ（七六条）、被告人の性質、素行、環境、経歴等のように陪審員の犯罪事実についての心証に影響し予断を抱かせるおそれのあるものの取調べは許されなかったのである（大判昭五・四・二三新聞三一三九号一一頁、判例大成・二二巻五二五頁）。

(5) 右のように、陪審法七一条には「証拠ハ別段ノ定アル場合ヲ除クノ外裁判所ノ直接ニ取調ヘタルモノニ限ル」という直接審理の原則が明示されていたが、さらにそれに続いて裁判所が取調べることのできる証拠について規定されていた。それによれば、まず、(a)公判準備手続で調べた証人の尋問調書、検証、押収又は捜索の調書及びこれらを補充する書類図画、公務員の職務を以て証明できる事実につき公務員の作成した書類、同様の事実につき外国の公務員の作成した書類でその真正なことの証明のあるもの、鑑定書、鑑定調書及びそれらの補充書類図画は、これを証拠とすることができたし（七二条）、さらに、(b)共同被告人若しくは証人が死亡し又は疾病その他の理由で召喚し難いとき、又は被告人若しくは証人が公判外の訊問に対してなした供述の重要な部分を公判で変更したとき、或いは公判廷で供述を為さないときには、先に裁判所、予審判事、受命判事、受託判事その他法令により特別に裁判権を有する官署、検事、司法警察官又は訴訟上の共助をなす外国の官署によって作成されたそれらの者の訊問調書及びそれを補充する書類図画を証拠とすることが許され（七三条）、また、(c)裁判外において作成された被告人その他の者の供述を録取した書類（供述録取書）又は裁判外において作成された書類図画も、供述者若しくは作成者が死亡し、又は疾病その他の事由で召喚し難いときに限って証拠にすることができる旨の規定（七四条）がおかれ、さらに(d)証拠とすることについて訴訟関係人に異議のない書類図画も証拠とすることができることになっていた（七五条）。

(イ) これらの規定は、一見現行刑訴法三二一条以下の規定とよく似ているが、しかしそれらは旧刑訴三四三条を前提としているものであるために、例えば(b)の「検察官・司法警察官の作りたる訊問調書」（七三条）というのもさきに見たように（四の二）極めて限られた場合にしか存しなかったのであって、現在の三二一条一項二号書面のように広汎なものではなかったことを注意しなければならない。(1)

(ロ) さらに、条文の並べ方から見ると、右の(a)乃至(b)の供述録取書その他の書面は、七一条の「別段の定ある場合」に当り、従ってそれらは裁判所で直接調べなくても証拠にできたかのように誤解されるおそれもありそうだから一言しておくが、そうではないのである。それらの書類図画も、それらを実際に証拠とするためには、もちろんそれを陪審の立会っている公判廷に顕出していちいちその内容を朗読し又は要旨を告げて被告人の意見と反証の有無を確かめるという証拠調の手続を経なければならなかったのである。このことは陪審法七六条三項に証拠調終了後の検事、被告人、弁護人の犯罪の構成要素に関する事実上、法律上の問題についての意見陳述に当っては、「公判廷ニ現ハレサル証拠ハ之ヲ援用スルコトヲ得ス」と規定せられていたことからも疑いの余地はない。現に当時の判例によると、裁判長が陪審の答申を求めるための説示に当り、公判準備手続において被告人のなした供述――「燐寸を携帯していた」という――を録取した公判準備調書を、陪審が立会っている公判廷に顕出して被告人に読み聞かせ且つその意見を求めることを怠りながら、陪審に対する説示においてその要領を述べたことが、陪審法七六条三項の規定する「法の精神に背反する」ものとして、上告が認められているのである（大判昭七年七月一日刑集一一巻九四一頁）。

(6) 右の証拠調が終ると、検事と被告人及び弁護人は、犯罪の構成要素に関する事実及び法律上の問題のみについて、専ら右のように公判に現れた証拠に基づいての意見を述べ（第一次の弁論）、それが終るとさきに被告人や証人等を訊問した裁判長が、今度は陪審に対して、犯罪の成否（有罪か無罪か）を決めるうえで必要な法律上の論点及び問題となるべき事実と法廷で取調べられた証拠の要領について説示（説明）をするのである。しかし、その際も取調べられた個々の証拠が信用できるかどうかとか、被告人の罪責の有無に関して、自分の意見を表示することは禁じられていた（七七条但書）。なお、この裁判長の説示に対しては異議を申立てることは許されなかった（七八条）。この説示の後で裁判長は、陪審に対して犯罪構成事実の有無について「然り」又は「然らず」という形で答えられるように記載された問書を交付して（設問）、陪審員だけでそれについて評議した結果を答申するよう命令するのである。この問は、例えば、被告人は起訴状にあるように、殺意をもって被害者を棍棒をもって殴打し死亡せしめて殺害したものであるかという問（主問）のほか、必要があれば、さらに、例えば被告人は単なる暴行の意思で被害者を殴打したが打ちどころが悪くて被害者を死亡させたものかどうかという問（補問）を出すこともできたし、さらに、被告人は被害者からの理由のない攻撃に対して身を守るためにやむを得ずこれを殺したものであるかというように犯罪の成立を阻却する原由となるべき事実の有無についての別の問（別問）を出すこともできた（七七、七九条）。

(7) 右の裁判長の説示が終ると、陪審員は評議室に退き、そこで陪審長を互選したうえで、外部との交渉を絶ち、自分達だけで、さきに出された問に対する答申について評議するのである。その際、陪審員は問に対して各自その意見を表示せねばならなかった（九〇条）。そして犯罪構成事実を肯定する（然りと答える）ためには、陪審員の過半数の意見――全員一致でなく――に依ることになっており、肯定意見が過半数に達しなければ否定した（「然らず」と答えた）ものとされた（九一条）。答申は文書にして裁判長に提出し、裁判長は公判廷でそれを朗読させる。これで陪審手続は終り、陪審員はそこで退廷することになる（九三、九四条）。

(8) 陪審の答申が有罪（然り）であったときは、裁判所はさらに公判を開いて、当事者双方に量刑に関係のある情状等の立証をさせたうえで、検事、弁護人に法令及び刑の適用についての意見を述べさせ（九六条、第二次弁論）、それを聴いたうえで有罪（刑）の言渡をしたのである。このように陪審の答申を採用して言渡された有罪判決——それには陪審の評議に付して事実の判断をした旨を判決中に示しておくことになっていた（九七条）——に対しては控訴は許されず（しかし少なくとも量刑不当については控訴を許すことは可能だったはずである）、上告の道があるだけであった。しかもその上告も事実誤認を理由とすることは認められなかったのである（一〇一～一〇三条）。

(9)　「然らず」という陪審の答申を採用したときは、無罪の言渡しをしなければならないのであるが、この場合には、犯罪を構成する事実が認められないこと又は被告事件が罪とならないことを判決中に明示し、且つ陪審の評議に付して事実の判断をなした旨をも判決中に示しておくことになっていた（九七条二項）。

(10)　但し、ここで注意しなければならないのは、この陪審法では——他の諸外国のそれと違って——裁判所は個々の陪審の答申に拘束されるのでなく、陪審の答申を不当と認めるときは、訴訟の如何なる程度に在るを問わず、決定をもっていつでもそれを斥け他の陪審の評議に付すること——つまり別の陪審員候補者によって別の陪審を構成させて、これに評議のやり直しをさせること——ができると定められていたことである（九五条）。これは、当時の明治憲法では「日本臣民ハ法律ニ定メタル裁判官ノ裁判ヲ受クルノ権利ヲ奪ハルヽコトナシ」（二四条）と定められていたので、陪審の評議に裁判官が拘束されることになるとすると、それは法律に定められた裁判官の裁判を受ける国民の権利を奪うことになるという反対意見があったことを考慮したためである。しかし、このように定めたところで、何度陪審をかえてみても同じ答申しか出なければ、結局、陪審の答申通りの判決をするほかなかった筈である。[2]

（1）　それらの殆んどは単なる「供述録取書」に過ぎなかったのである。浦辺衛『ある裁判官の回想記』（一九八七年）中の傍聴記によると、現行刑訴法三二一条一項二号のいわゆる供述の「相反性」の規定はこの戦前の陪審法七三条の規定を引継いだものではないかと述べられているが、本文で述べたように旧刑訴法の下では、「法令に依り作成したる訊問調書」でない通例のいわゆる聴取書は、単なる供述録取書でたとへそれが検察官作成のものであろうとも地方裁判所の事件については原則として有罪認定の証拠とはなり得なかったのである。現行刑訴法は、かような制約をとり払い検察官の作成した聴取書（供述録取書）のすべてに、相反性（法廷での供述との相違）を条件として証拠能力を認めているが、そもそも相反性がなければ（法廷供述が録取書と同じ内容ならば）、その聴取書を証拠にする必要がないのだから、もしそうだとすればこれは刑訴法立法史における検察側の最大得点となったのである。相反性と並ぶ第二の要件である「特信情況」の制限が、現実には殆んどその役目を果していないことを考えると、この検察側の得点は極めて大きかったのであって、それは今日の無罪判決が殆んど消滅に瀕している刑事裁判の実情と極めて大きな関係があるはずである。

（2） 但し、陪審法施行当時は滝川教授さえ、更新しても陪審の答申が裁判所の意見と一致しないときは、裁判所は、「陪審の答申を採用しないで判決の言渡をしてよい」とするのが「陪審法の根本主義から出て来る結論である」と述べておられた。滝川『陪審裁判』一九二八年八七頁。

二 右のようなわが陪審法は、施行後僅か一五年で戦局苛烈化を理由として、昭和一八年四月一日「陪審法ノ停止ニ関スル法律」（法八八号）をもって戦争終了まで施行を停止せられた。このように戦時中にその施行を停止されたまま今日に及んでいる陪審法の評価については、現在、それはわが国の国民性に合わず、その施行後も陪審事件は増えるどころか減少し、施行停止前には殆んど死滅状態になっていた（陪審事件が激減した）というように説かれることが多いようである。なるほど、前後一五年間施行された間の実績は、陪審の評議に付された事件数は、施行の翌年である昭和四年が最も多く一四三件にのぼったが、昭和五年には半減して六六件になり、その後逐年減少の一途をたどり、昭和一七年には法定陪審一件、更新事件一件で、一五年間の総数は四八四件、そのうち請求陪審事件は僅か一二件に過ぎず、法定陪審事件でも被告人の辞退が多かったと伝えられている。しかし、その陪審裁判の結果を見ると、有罪三七八、無罪八一で、その無罪率は一七％弱であったし、そのうちで圧倒的に多かった殺人事件（二〇九件）と放火事件（一三六件）についての無罪率を見ると、殺人罪では六・三％（一四件）、放火罪については三一％（六一件）が無罪になっており、これと同じ時期（昭和一一年より同一五年の五年間）の通常刑事手続における殺人罪の無罪率〇・〇七％、放火罪の無罪率〇・五七％と較べると、陪審裁判における無罪率がうんと高かったことが分るのである。陪審法の施行が停止せられた当時その法律の解説を執筆した岡原昌男司法書記官も、この無罪率の高かった点を重視して「仮令陪審に付せられる事件が公判における否認事件のみであるとするも大いに注目に値するところである」と、特筆していたのである。[1]

(1)　陪審制度が政府と民間の双方の熱心な支持と大きな期待をもって導入せられたにもかかわらず、戦争の影響はともかく施行後一五年にして早や右のように衰微して行ったということは、果してどういう理由からだったのであろうか。戦後のそれについての説明では、さきに一言したように陪審裁判というものがわが国民性に合わず、日本人はやはり裁判というものはお上の裁きでなければならぬと考え、同じ仲間から裁かれることを好まないからだと説かれることが多かったようで、刑事訴訟法の専門学者からも陪審裁判の復活など問題にならないというような扱いを受けてきたのであった。約一〇年前（一九八一年八月）故青木英五郎氏がその遺言のように書き残した「陪審裁判」が出た当座も、それは例外的な少数者の意見という扱いしか受けなかったのである。しかし、陪審法の右のような運命は陪審裁判が日本人の国民性——それもその言葉の使用者毎に内容が違っている——に合わなかったからでなく、むしろひとつにはその陪審法の規定する内容が余りに不徹底であったためであり、ひとつには、それがたまたまわが国を敗戦の泥沼に引きずり込んだ一五年戦争とほぼ時を同じくして誕生したという非運のためだったと思われるのである。

(2)　その陪審法自体のもっていた欠点、欠陥としては、まず、

(イ)　右に見たように陪審員となる資格を三〇歳以上の男子でしかも一定額以上の直接国税を納めている者に限り

(ロ) 管轄移転の請求権を検察官だけに与え、

(ハ) また一五年の施行期間を通じて僅か一二件しかなかったという請求陪審事件についても、もし陪審の答申が「然り」と出て有罪になれば、陪審費用の全部又は一部は被告人が負担せねばならぬことになっていたので(一〇七条)、公訴事実を争おうと考えている被告人にも容易に陪審裁判の請求にまでは踏み切れなかったということが指摘できる。

(ニ) しかも思い切って陪審を請求し事実を争って無罪を主張して見ても、陪審の答申が若し「然り」と出て有罪になった場合の裁判所の刑の量定は、始めから「私がやりました」と恐れ入って素直に事実を認めてかかった被告人に通常裁判所で言渡される刑罰に比べると、どうしても重くなる傾向があると一般的に受取られていたことがそれに拍車をかけた。当時は、被告人が罪証明白であるにもかかわらず、とやかく言い訳ばかりしていることは、自己の罪責について反省していない証拠であるとして重く量刑されることは珍しくなかったのである。このことは、単に請求陪審事件について陪審請求をすることを足踏みさせただけでなく、法定陪審事件についても同様であったので、弁護人が被告人に陪審辞退を勧告するといった事態さえ生み出していたらしいのである。

(ホ) また陪審手続でも、裁判長の陪審員に対する説示に対して異議の申立が許されず(七八条)、

(ヘ) さらに、陪審の答申も必ずしも裁判所を拘束するものでなく、裁判所はその答申の内容が気に入らなかったときには、いつでもそれを斥け、更に他の陪審に評議のやり直しをさせ得ることになっていた(九五条)。

(ト) しかも裁判所が陪審の答申を採択して言渡した有罪判決に対しては、被告人の側から控訴の申立をすることができず(一〇一条)、さらに事実誤認を理由として上告する道まで封じられていたのである(一〇三条但書)。制度としては、一審の有罪判決に対しても、すくなくとも量刑不当を理由とする控訴を許すこと

は可能だったはずであるが、それさえ閉ざされてしまっていたのである。

このように、陪審法によって陪審裁判を受けることは、公訴事実を否認し争おうとする被告人にとっても、実際には甚だ危険の多い冒険を敢えてすることであったし、弁護を依頼された弁護士にとっても自分の依頼者に陪審裁判を受けさせるかどうかは極めて困難且つ厄介な問題だったのである。一旦行なった陪審請求を取下げさせ、また法定陪審事件についても折角の陪審裁判を辞退するよう勧告するという場合も少なくなかったといわれる。

さらに、裁判所の側でも、例えば陪審法四一条によると、裁判長は法定陪審事件についても公判準備期日において、被告人に対して陪審を辞退し得る旨を告知することになっていたのであるが、裁判長のなかには、この辞退できる旨の告知に当って、このまま陪審裁判を受けて有罪になると控訴もできず、更にまた事実誤認を理由とする上告もできなくなるぞと告げて、被告人に事実上陪審辞退を勧告するようなことさえあったらしいのである。このような状態だったのであるから、陪審裁判を受けようとする被告人の数が逐年減少して行ったとしても決して不思議ではなかったのである。しかも、それが施行を停止されたのは、前記のようにその施行時期がわが国の絶望的な一五年戦争と時期を同じくしたために遂に陪審法を実定法として施行し続けることまで諦めねばならぬ事態に陥ってしまった結果だったのであるから、そのことから陪審制度がわが国民性に合わないというような結論を引き出すことはできないのである。

(3)　さきにその名をあげた岡原書記官は、当時法曹会雑誌に「陪審法の停止に関する法律に就て」を執筆し、同法が何故昭和一八年に施行を停止せられねばならなかったかの理由について説明している。それによれば、まず全国の市町村では陪審員資格者名簿、及び陪審員候補者名簿の作成のために並々ならぬ手数を要し、政府でも名簿の有効期限を延長したりして事務の軽減を図ったものの、なおそれは「市町村の悩みの種の一つとされている」とされ、なお、次のように述べられているのである。曰く、

「尚一旦陪審の公判が開かれるとなると、陪審員も三六名の多きに亘って出頭を命ぜられ且内一二名乃至それ以上は時に数日間公判に立会わなければならない。又陪審手続の性質上勢ひ多数の証人が喚問されることになるので、戦時下繁忙裡に更に職域奉公に精進して居る此等の人々の蒙むる不便も並大抵のものではない。他面陪審法の施行が裁判所及検事局に及ぼす負担の過重は当然のこととは云ひながら尠なからざるものがあったので、陪審の廃止又は停止は裁判所及検事局側からも多年要望され（傍点筆者）、特に昨年の行政簡素化実施に依り万般の事務の遂行が愈々重点主義的に為されつつある折柄、其の声益々強きを加ふるに至った。」

「要するに陪審法の施行に依り市町村、一般国民、裁判所及検事局が費して居た相当の時間労力物資及費用を節減し此の際之を戦争遂行上より一層有効な方面に結集することを得しむる為陪審法の施行を一時停止せんとするものであって戦時下緊迫せる諸般の事情に鑑みるときは全く妥当の措置と云ひ得る。」

しかし、その岡原氏は、同時に次のように明言していた。

「元来我国の陪審制度は民衆をして裁判に関与せしめ犯罪事実の有無につき常識ある判断を為さしめ以て裁判に国民の法的意識感情を注入せんとする高遠な理想の下に設けられたるもので其の運用の妙を得るときは平時に於ては寧ろ望ましいものと云ひ得よう。陪審の評議に付せられる事件数が逐年減少して居るにも拘らず今遽に陪審制度を廃止せず単に施行停止に止めて戦争終了後之が再施行を考慮せんとした趣旨は即ち茲に在る。」（同一一頁）

すなわち、陪審法の施行停止はあくまで当時の差迫った戦局のためやむなくその施行を戦時中一時停止するというのに過ぎなかったのであって、決して陪審法そのものの存在価値を否定してその廃止を意図または予定したものではなかったのである。しかもこのことは、当時陪審の廃止を最も強く要求したのが、実は裁判所や検事局側だったのであって、さらにその要求は極めて強力であったにも拘らず、敢えて右のような一時停止という決定がなされたのだという意味で重要である。今日、一部の人達は、恰かもわが陪審法は既に死滅したものであって、その新たな採用の可否、あるいはむしろ陪審に代えて参審制度を採用することの可否が問題であるかのような議論をしているが、それは決して正しい問題の提起ではない。今日、わが国が当面している問題は、戦争中にその戦時ということを理由として一時その施行を停止された陪審法が、その停止法の附則第三項には「陪審法ハ大東亜戦争終了後再施行スルモノトシ其ノ期日ハ各条ニ付勅令ヲ以テ之ヲ定ム」とあったこと、及び戦争終了直後（昭和二一年三月二二日）の勅令をもって右の「大東亜戦争」をわざわざ「今次ノ戦争」と改めたりしているにも拘らず、その再施行が関係者の怠慢によって今日まで推し延ばされてきたのだということを反省し、至急に必要な改正を施したうえでそれを再施行することでなければならない。この際我々はわが国の裁判所・検事局が当時から揃って陪審法の廃止を主張していたのだということを想起する必要がある。またさきにも述べたように一部には今日も陪審制はわが国民性に合わないという向きがあるようであるけれども、それは独断であって、むしろそれは論者自身の陪審制に対する反情の余りこれを葬り去ろうとする志向を表明するものにすぎない。われわれは、むしろ、さきに見たように実際に陪審裁判に自ら裁判官、検察官或いは弁護人として関与した経験のある先輩達の大半（一五人のうち、裁判官五名、検事一名、弁護士三名）が陪審裁判の価値を認め、戦後もそれを復活すべきものと説いていたのだという故浦辺衛判事の実態調査があることを想起すべきである。(2)

右の浦辺判事の実態調査の結果が示すように、決して陪審制度がわが日本人の国民性に適合しないなどということにはならないのである。私はさらに、故青木英五郎氏が裁判官だった頃にはサッコ・ヴァンゼッティ事件等を研究した結果陪審裁判に対してはむしろ懐疑的な立場をとっていたにも拘らず、後年弁護士に転じて幾多の冤罪事件の弁護を担当した経験から最後には熱心な陪審裁判の支持者となり、その復活の促進を遺言としてこの世を去ったことを忘れることができないのである。(3) 今日の問題は、不当に施行を停止せられたまま、戦後四〇年以上も眠り込まされたままになっているわが陪審法を――今日に適した必要な改正を施したうえ――一日も早く復活させ、再び刑事裁判を国民の良識によりコントロールされるものとすることでなければならない。

（1）岡原「陪審法の停止に関する法律に就て」一九四三年法曹会雑誌二一巻四号一一、一二頁。
（2）浦辺『わが国における陪審裁判の研究――経験談による実態調査を中心として』一九六八年三月。なおこれについては、本書冒頭の「陪審裁判は死んだのか」一二三頁以下参照。
（3）青木『陪審裁判』一九八一年、「サッコ・ヴァンゼッティの裁判」自由と正義一九五三年、なお、佐伯「青木英五郎さんの歩いた道」一九八一年法律時報五三巻五号二八頁、同じく青木英五郎著作集の「刊行の辞にかえて」一巻一九八六年四頁、同三巻末尾の倉田・「解題」一九八六年五二〇頁参照。

## 六　陪審裁判の復活のために

一　以上のように前の大戦末期にその施行が停止されたまま今日まで放置されてきたわが陪審法を復活させるといっても、半世紀前の陪審法の規定をすべてそのまま復活させることであり得ないことはいうまでもない。さきに見たような陪審員となる資格を三円以上の直接国税を納めている三〇歳以上の男子に限ったり、管轄移転の請求権を検事だけに与えたり等々の時代的制約が今日そのまま存続できないことは明らかであり、それらが今日にふさわしいように改められるべきは当然である。そして、それらの問題については、今日既に各方面から具体的な改正案が続々と発表せられており――例えば「陪審を考える会」の宮本三郎氏の「新陪審法私案」（一九八八年八月二五日）、自由人権協会の「新陪審法案第一次案」（一九八九年九月一五日）、大阪弁護士会司法参加部会の「新刑事陪審制度要綱案」（一九九〇年七月五日）、「陪審裁判を考える会」の「陪審法試案（第一稿）」（一九九〇年九月三〇日）、新潟陪審友の会の「陪審法試案」（一九九〇年一〇月・同会「陪審裁判・試案・解説資料」等）が発表されており、さらに一九九〇年一一月一七日に開催された日本弁護士連合会の第一三回司法シンポジウムでもこの問題が精力的に取上げられ、それに関する資料も大阪弁護士会その他から発表されているなど（大弁「裁判の現状と改革の展望（国民の司法参加を考える）」）、――誠に心強いことである。

陪審裁判は社会人である陪審員によって構成される関係で、審理が一回で終らなければ連日開廷して一挙に答申までもって行くという運びになるので、被告弁護側としても第一回公判開廷までに充分に準備を整えておく必要があり弁護人の負担は今日よりうんと加重されることになるが、それは同時に検察側に対しても弁護人に対してその手持証拠の全面的な事前の開示を義務づけるものでなければならないであろう。このことは冒頭で見たような冤罪防止のために是非とも実現せられねばならない。

さらに第一回の公判期日以前の公判準備手続についても、新たな工夫が必要である。なぜならば停止中の陪審法では、公判準備期日に当事者双方が出頭したところで、裁判長は法定陪審事件の被告人に対しては陪審裁判を辞退できることを告知したうえで被告人訊問を行ない証拠決定を行なっただけでなく（もしそこで被告人が陪審を辞退したり或いは裁判長の訊問に対して罪を認めたときは、もはや陪審事件でなくなるから通常の手続に従って審理されることになった・五一条）、期日外に裁判所外で証人訊問を行なうこともあったし（四九条）、また、管轄違・公訴棄却、免訴の原由があると認めた場合にはそれらの裁判（決定）をこの公判準備期日の段階で下すべきものと定められており（五二条以下）、そこではいわば陪審による公判審理への道ならし――一種の予備審問――が行なわれることになっていた。しかし、現行刑訴法上は、第一回の公判期日前の準備手続が認められておらず、従ってこの段階での当事者からの証拠申請およびそれに対する採否の決定などもあり得ないことになっているので（刑訴規則一九四条一項但書）、それができるように、それも公開の公判法廷として構成するなど立法上の手当が必要だと思われるのである。

しかし、ここでは、それらの問題以外に、今後陪審裁判を復活させる際に、実際上最も大きな問題になると思われる陪審裁判の実際の進め方、特に法廷審理の一切が裁判長の手中に集中させられていたわが陪審法の陪審手続の仕組を現行刑訴法が既に四〇年も実施され定着してしまった今日のわが国に果してそのまま復活させることが可能であり得策であるか、もしそれが可能でも得策でもないとすれば、それらはどのような変容を受け、どのように構成せられねばならぬかということについて考えてみることにしたい。

二　さきに述べたようにわが陪審法においては、公判廷で被告人や証人等の訊問その他の証拠調に当るのは、旧刑訴法当時の通常の刑事手続と同じくすべて裁判長であり（尤も必要があれば陪席判事が代行）、次いで犯罪の構成要素に関する事実上及び法律上の問題のみに関する検察官と弁護人の弁論（七六条・第一次弁論）がなされた後で、陪審に対して起訴されている犯罪の構成に関する法律上の論点及び問題となる事実ならびに取調べられた証拠の要領についての説示（七七条）も、さらにその説示の後、犯罪事実の有無に関して「然り」、又は、「然らず」と答えられるような文言で書かれた「問書」を渡して、それについて評議してその結果を答申するように命ずること（七七条・設問）も、すべて同じ裁判長の任務とされている。裁判長は正しく陪審裁判の主役なのである。このような職権主義的な裁判長への権限集中は、当時の旧刑事訴訟法の下では、裁判官の予断排除ということを重視して公判前に裁判官が証拠に接することを禁止する現行刑訴法のいわゆる起訴状一本主義の原則のようなものが存在せず、反対に、検察官は公訴提起と同時に――或いは予審経由事件については予審判事が予審終結決定と共に――その収集した証拠物、証拠書類のすべてをいわゆる一件記録として公判裁判所に引継ぐことになっていたために可能だったのである。すなわち、裁判長は公判開廷以前に既に右の一件記録に目を通して詳細な手控を取り検察官の主張とその根拠とを熟知したうえで、陪審法廷に臨んだのであるから、被告人や証人等に対して事件について詳しく鋭い訊問をすることができた。しかし、実は、そこに大きな問題があったのである。それというのは、そもそも陪審法廷なるものは被告人が公訴事実を否認しているために開かれるのである。それなのに、その陪審法廷での審理を支配しリードして行く裁判長が、予め開廷前から専ら有罪の主張、立証のために作られた検察側の証拠或いは予審記録のみによって事件についての予備知識を得たうえで、まず被告人を詳しく訊問し、次いで証人その他の訊問に移っていくというのでは、その訊問は勢い糺問的となり追及的とならざるを得ず、それはさらに後段の陪審に対する説示にまで影響せざるを得なかったであろうと思われる。さらにそのような法廷の雰囲気では、陪審員に真に冷静公平な評決を期待することも困難であったろうと思われるのである。事実、既に陪審法施行当時から次の梶田年氏のように、その点を鋭く指摘した論者があったのである。(1)

「……理論上の問題として考察する時には、職権訊問主義と説示とを併用して、裁判長が被告人等を訊問し、且説示を為すことは、説示の効率を著しく減殺する虞がある。是は主として陪審員の心理作用から来るのである。陪審事件は被告人が公訴事実を否認して之を争う場合であるから、裁判長が被告人を訊問するに当って、被告人の犯罪事実を否認する陳述が、前後の事情と矛盾して辻褄が合はなければ、之を糺問することとなる。被告人は之に対して弁解を為す、勢ひ訊問は深刻となり、押問答の形に傾いて来る。茲に裁判長と被告人とは争闘的状態に陥て来る。而して陪審員は裁判に経験がなく、被告人心理なるものを、能く解しない為め、寧ろ被告人に同情する念慮を湧起するに至る。又裁判長が被告人を有罪とする予断を抱いて居る様に感違いをする、斯くて陪審員の心理上裁判長は最早公平なる裁判官にあらずして、被告人を訴追する検事同様のものと見られる。是れ職権訊問主義の通弊であると謂ふて良い。従って当事者の弁論の後、裁判長が事実証拠の要領を要約説明する説示なるものには、其陪審員の心理に与える影響に於て検事の論告と異ることなく、大なる感動を与ふることは困難となり、説示に充分の権威を有たしむることは出来ぬこととなる。」

梶田氏は裁判長の追及的訊問が陪審員をして被告人に同情させその判断をかたよらせる危険を強調しているが、逆に裁判長の追及的訊問を鵜呑みにして被告人を有罪と思い込む危険もあったであろうと思われる。いずれにしても陪審員の判断を歪める危険を内含していたと思われるのである。

ところで、現行刑訴法の下ではその間の事情はすっかり一変している。今日でも、公判の冒頭で、裁判長が被告人に対して起訴状に対する意見を訊ねることはあるが、それは単なる罪状認否で、公訴事実を認めるのか争うのかを確かめるために過ぎない。決して公判冒頭から、裁判長が被告人に対して詳細な追及的尋問をすることはないのである。そもそも今日では前記の起訴状一本主義（刑訴二五六条六項）のため、公訴が提起されても証拠は検察官の手許に止められ、裁判官は公判前にそれに接する機会を有しないため、被告人を冒頭から詳しく尋問し得るだけの事実についての知識を有しないのである。現在の公判では右の認否手続のあとで、検察官と弁護人の双方から証拠申請が行なわれ、その採否決定の後、通常、まず検察側申請の証人の尋問から始まり、被告人本人の尋問は、弁護側の他の証拠調も終ったところで、通常、まず検察官によって行なわれるが、この場合も被告人は黙秘して答えないでもよい。しかも、これらの証人や被告人の尋問は、いわゆる交互尋問によって当事者訴訟の形で進められ、検察側申請の証人はまず検察官が尋問し（主尋問、ここでは原則として誘導尋問は許されない）、次いで弁護人が反対尋問をするが（そこでは誘導尋問が許される）、次の弁護側の証人では弁護人が主尋問、検察官が反対尋問をするというように進められていくのである（2）（刑訴規則一九九条の二）。今日の裁判官は、このようにして進められて行く当事者訴訟を公平な立場から見守っていて、必要に応じて補充的もしくは釈明的な質問を挟み証拠調の請求に対する採否を決する——つまり証拠能力の問題を解決する——などして審理をリードしていくという建前になっているのである。従って、今日、陪審法が復活させられたとしても、その審理は、それが施行されていた当時のままではあり得ず、当然右のような現在の当事者訴訟の形で進められざるを得ないのである。従って裁判長の独壇場たる観のあった以前の陪審法廷が復活するということはあり得ないのであって、そこでは当然に英米に似た陪審法廷が出現することになるであろう。この点において、施行停止中の陪審法を復活させるにしても、現行刑訴法はそれより遥かに現代的な陪審法廷が実現されるような仕組みの舞台装置を既に準備したうえで只管それを待ち受けているのだといえるのである。このことは、刑事訴訟規則中に先年挿入せられた交互尋問の仕方についての詳細な規定（一九九条乃至一九九条の一三）を見れば、一層明らかとなるであろう。

（1）梶田『陪審制の新研究』一九二七年一一一頁以下。

（2）現行刑訴法三〇四条一項では、証人等の尋問まで裁判官が行ない、その後でそれを請求した側がさきに訊問するという定めになっているが、起訴状一本主義のため、事件についての証拠に全然接していない裁判官が始めから内容のある尋問をすることは困難であるので、実際の審理では同条三項によって、その順序を変更して、本文に述べたような順序で審理が進められているのである。

三　さらに、陪審法が復活して証拠による犯罪構成事実の認定が裁判官の手を離れて陪審員による評議に委ねられることになれば、今日その区別が全く形式化し殆んど有名無実になってしまった「証拠能力」と「証拠の証明力」との区別がはっきりとし且つ現実的な意義を発揮することになるだろうと期待されるのである。何故ならば、今日の刑事法廷では、証拠能力の判断と証拠の証明力の判断とが共に同じ裁判官に委ねられており、且つ実際には裁判官は検察官側の証拠請求には甚だ寛大で殆んどの場合に証拠能力ありとして証拠に採用され、さらにそれらの証明力も当然のように肯定されて有罪判決が下されるため、無罪判決の出ることは極端に少なく、そのためわが国の無罪率が限りなく零に近づいて行きつつあるのだからである。

(1)　例えば検察官側証人の証言が、弁護人の反対尋問の結果動揺して「犯人が被害者を殴るのは確かに見たが、その犯人が被告人だったかどうかははっきりしない」という供述になったとしよう。検察官はこれに対して早速同じ証人の前に「被告人が被害者を殴るのをはっきり見ました」と述べたことになっている検面調書を刑訴三二一条一項二号後段の書面として取調べを請求してくる。それは公判廷の証言どおりでは、被告人の犯罪の証明にはならないが、検面調書の内容ならば充分に有罪認定の証拠となるからである。だが、この場合に検面調書が証拠として採用されるためには、公判廷の証言よりもそれを「信用すべき特別の情況」がなければならないことになっている。しかし、証言は公判廷で宣誓のうえなされたものであり、しかも相手方の反対尋問のテストを受けている点で信用性の保障は充分だと思われるのに対して、証人の検面調書の方は検察庁の密室で被告人に立会わせて反対尋問の機会を与えることもなしに作成せられた捜査官の単なる聴取書（録音、速記でもない）で宣誓もなされていないものであるから、それに公判廷の証言以上の信用性があると考えさせるような特信情況など滅多にあるものではないと考えられる。しかし、実際のわが刑事法廷におけるこの特信情況の扱いは極めてルーズで、例えば単に前の供述の方が理路整然としているとか（名古屋高判昭和二四年一〇月一二日高刑特報二巻三六頁、東京高判昭和二七年三月六日高刑集五巻六三九頁）、検察官に対する供述が公判廷でのそれより詳細であるという理由だけでも特信情況たり得るとされ（最判昭和三二年九月三〇日刑集一一巻二四〇三頁）、さらにまた特信情況の有無は一に裁判官の自由心証に委ねられている問題であって、検察官の証明若しくは釈明を要するものではないとか（東京高判昭和二七年四月一五日高刑集五巻六一二頁）、事実審裁判所たる下級審の「裁量」にまかせられた問題であるという裁判例まである（最判昭和二六年一一月一五日刑集五巻二三九三頁、同判昭和三一年一一月二〇日裁判集刑一一五号四二三頁）という状態であって、「裁判の実際において、公判期日における供述と検察官の面前調書に記載された供述とが相違すれば殆ど無条件に（傍点筆者）後者に証拠能力を認めている」といわれるのである（小野ほか「刑事訴訟法下」八八九頁）。しかし、裁判官の自由心証に委ねられているのは「証拠の証明力」の問題であって（三一八条）、証拠能力についてではない。証拠能力については刑訴法三一九条以下に明文をもって厳格な制限規定が設けられているのである。それなのに、それらの明文が、右のように裁判の実務において骨抜きにされ、果てはそれまでが自由心証の問題とか裁判官の裁量の問題と同一視されるに至っているところに、わが刑事裁判の病根の深さが示されているといえるのである。自由心証に委ねられた証拠の証明力は、一旦証拠能力ありとして採用せられた証拠によって、果して起訴状の犯罪事実が認定できるかどうか――被告人の有罪を合理的な疑問を入れる余地がない程に確実だと思わせるかどうか――という問題であって、証拠能力についての判断の後にあらためて登場する事実認定の問題なのである。しかし、実際には、多くの裁判官は証人の法廷証言に対してその検面調書の証拠能力を認めるときに、その心証においては既にその証明力までも肯定し、その内容に沿うた有罪の事実認定への橋を渡ってしまっているのである。稀れには、弁護側の立証によりあるいは検察側提出の証拠相互間の矛盾に気付いてその有罪心証が揺らぐこともあるようであるが、それは極めて例外で、多くの場合にはそれらは意識的・無意識的に無視または黙殺されてしまうのである。わが国の刑事裁判で無罪判決の出るのが極めて稀れなことの原因はそこにある。そしてこのような事態は、すべて、現行刑訴法が証拠能力の判断と証拠の証明力の判断とを共に同一裁判官の任務としていることに由来するのであるから、問題の根本的解決をはかるためには、証拠能力の判断をする裁判官とそのように証拠能力ありとされた証拠の証明力について判断する者とを別人とする（つまり陪審制による）ほかないのである。[1]

(2) 陪審法が復活し陪審裁判が再度実現することになれば、右の問題状況は一変するであろう。何故ならば、陪審裁判では証拠能力の判断と証明力の判断とが共に同一の裁判官に委ねられるという事態は消滅し、証拠の証明力についての判断は裁判官でなく、複数の陪審員の評議評決に委ねられることになるからである。そこでも、証拠能力の問題は、やはり裁判官の手に委ねられ、検察官と被告弁護側との証拠の提出及び相手方の提出する証拠の証拠能力の有無についての争いに決を下し採否を決定するのは裁判官の重要な権限として残るのである。裁判官は、さきに見たように、検察側、弁護側双方の立証活動に対して公平な立場から見守り必要に応じて補充的又は釈明的な質問をも挟みつつその進行をリードし、証拠能力の問題についても決定を下して証拠調べを進め、それが終ったところで、検察官、弁護人の双方が法廷で取調べられた証拠に基づいて事実上、法律上の問題について弁論を行なうと、その後で裁判官は陪審に対して、その事件で問題となっている法律上の論点及び問題となるべき事実を説明し、さらに取調べられた証拠の要領について説明するのである。しかしこのいわゆる説示の際にもそれらの証拠の信否および被告人の罪責の有無について自分の意見を示してはならない。そしてこれらの説示が終った後で、犯罪を構成する事実の有無について陪審員に対して問を出し、それについて評議してその結果を答申するように命ずるのである（陪審法七七条）。陪審員は複数で――わが陪審法では一二人で――公判の審理に終始立会い、裁判官の訴訟指揮から被告人や証人、鑑定人等の述べることや、検察官と弁護人との間のやりとりにまで耳を傾け注意しているのであって、これらの見聞した結果に基づいて、全員が互いに自由に起訴されている犯罪事実があったかどうかという問われている点について意見を述べあい評議した結果によって、前記のように「然り」又は「然らず」という答申をするのである。この陪審の評議及び答申こそは、前記の証拠の証明力についての判断に当るのである。陪審員は自分たちが証拠を採用する――証拠能力の有無について決定する――ものではないから、たとえ裁判官が証拠能力があるとした証拠についても、その証明力について判断をするに当っては何らとらわれる行きがかりがなく、自由に判断できるのである。陪審員の代表する自由な一般国民の目から見れば、裁判官が採用した証拠についても、それに従ったのではどうもおかしいのではないかというとらわれない判断も生れてくるのである。起訴状一本主義の知られていなかった旧刑事訴訟法の下で施行せられた陪審法の時代でも、陪審事件の無罪率が高かったという事実は、起訴状一本主義の現行刑訴法の下でそれが復活、再施行せられた場合もおそらく今日のように無罪率が一％にも充たないというようなことにはならないだろうとの期待を許すものだと考えられる。

(3) 陪審制度の復活は、更に、公判審理における有罪・無罪を決めるいわゆる「罪体」の立証と、一旦有罪と決まったところで行なわれる「情状」の立証との立証段階の区別が明確になるという効果を伴うであろう。この罪体の立証と情状の立証との区別は、いわゆる「起訴状一本主義」の要求でもあって、現在の刑事法廷でも、一応は、罪体の立証の後に情状の立証が来るのが常識になってはいると思われるが、わが国の裁判官は判決宣告の段階までその有罪、無罪の心証を表明しないよう努めているので、場合によっては情状の立証に接して始めて有罪の心証が決まるというような場合もあり得るのである。私自身も、かつてその取調べていた被疑者に暴力を振るったとして起訴された警察官の特別公務員暴行事件の公判で、検察官が同人にはかねてから暴力を振るう癖があるということの立証のために、同人に前にそんな目に合わされたという証人を申請したので、それは悪性格の立証として許されないという異議で一応却下されたけれども、それでは情状の立証として申請しますといわれると、今度は採用されてしまい、結局、有罪になったという経験がある。これは上告まで行って判例になったが、最高裁でも、罪体の立証が終った後で情状の立証を行なうのだという建前は一応認められたが、有罪は動かなかったのである。わが国の裁判官は、さきにも述べたように、判決宣告のときまで有罪、無罪の心証を明らかにしないので、ときには、情状の立証に接して始めて有罪の心証が固まるという場合もあり得るし、それを防ぐ方法はないのである。これは、罪体の立証と情状の立証が双方とも同じ裁判官に対して行なわれる以上防ぎようがないのである。しかし、陪審裁判になれば、有罪、無罪を決めるいわゆる罪体の立証は、陪審員の列席する陪審法廷で行なわれ、それらの陪審員の評決により有罪・無罪が決まり、それが有罪（然り）という結果が出たところで、今度は陪審員の退席した後の法廷で、裁判官のみに対して量刑に関するいわゆる情状の立証が行なわれるのである。従って、そこでは単なる情状の立証で始めて有罪の心証が決まるというようなことは起りようがないのである。この意味で、予断排除を目的とするいわゆる起訴状一本主義は、陪審裁判の復活によって始めて本当に実現されることになるのである。(2)

しかし、陪審裁判も、もちろん決して万能であり完全無欠ではあり得ない。サッコ・ヴァンゼッティやローゼンバーグ事件などのように社会に偏見や憎悪が漲っているときは、陪審裁判もその影響を免れ得ないことも認めなければならない。だが、それらについては、管轄移転の請求とか或いは陪審裁判の辞退の道を開いておく等の方法で対処し得るのであって、それらも決して陪審復活を否定する理由とはならないのである。陪審裁判は一日も早くわが国においても強化復活せられねばならない。

（1）このように証拠能力の有無を決める人と、そのように証拠能力を認められた証拠によって事実認定ができるかどうかを判断する人とを別人とするやり方は、歴史的に見れば別に珍しいことではなかったように思われる。例えば糾問訴訟のもとになったバンベルゲンジス（一五〇七年）やカロリナ（一五三二年）の両法典でも、裁判所は、「裁判官」のほか、「判決発見人」、「参審員（判決提示人）」と書記とから成り立っていたといわれるし、またフォイエルバッハが起草したバイエルン刑訴法でも、糾問手続によって被疑者や証人を取り調べてその結果を調書（証拠書類）に作り上げる糾問裁判官（三九条以下）と、それらの調書のみを見て（被告人の顔さえ一度も見ずに）判決を下した判決裁判官とが峻別されていたのである（三四六条以下）。なお、バンベルゲンジス及びカロリナについては塙教授の翻訳があり（神戸法学雑誌一八、一九、二一、二二巻）、バイエルン刑訴法については中村、久岡両教授による翻訳がある（立命館法学一一四、一一五、一二五、一二六号）。なお、参照佐伯「フォイエルバッハと法定証拠主義の運命」（一）一九七二年立命館法学一〇二号一四〇頁の注2。

（2）最高裁三小判決、昭和二八年五月一二日、刑集七巻九八一頁以下、佐伯「起訴状一本主義」刑事法講座二巻、二一二頁以下（昭和三九年三月・現在、「刑事訴訟の理論と現実」一九七九年二一二頁以下に所収）。

（一九九一年六月）

あとがき

# 笛吹けど踊らず

伊佐千尋 作家

## 「陪審制度への一里塚」？

先日、元巨人軍監督の川上哲治さんから葉書をいただいた。「年来の主張だった陪審制度が日本でも施行されることになり、喜んでいられることと拝察しています。おめでとうございました」と冒頭にあった。

今度の司法制度改革の目玉とされるのが、二〇〇九年五月までに施行される裁判員制度である。一般市民が裁判員に選ばれて、裁判官とともに判決に加わるという制度で、外国ではこの新制度をクォザイ・ジューリー・システム（**quasi july system** ＝準陪審制度）と呼んでいるところもある。

川上さんのように、これが英米の陪審制度に近い制度と思う人は多く、「山が動いた」と弁護士会は評価し、「陪審制度への一里塚」と歓迎する大学教授もいれば、「国によって、それぞれ異なる司法制度があってもいいのではないか」という法科大学院教授もいる。

陪審制度は、欧米では「正義の中心」といわれ、重大な否認事件について不可欠とされる。職業裁判官だけによる裁判では、無実の者が有罪にされてしまう危険が大き過ぎ、事実を判断するにはどうしても市民の常識が必要だからだ。陪審制度はえん罪を防止する安全弁の役目を果たし、人権保障の優れた制度でもある。

ところが、内閣府の発表によれば、新たな裁判員制度に「参加消極派」が七八％もおり、「自分たちの判決で被告人の運命が決まるため責任が重い」、「冷静に判断できる自信がない」、「仕事による支障」などの理由が挙げられている。

もう一つ、おかしいと思うのは、最近最高裁の裁判員フォーラムに新聞社が参加者に三千円から五千円もの謝礼金を出して動員をかけていた例が各地にあったなど裁判員制度導入のための不明朗な動きがあることだ（魚住昭「最高裁が手を染めた『27億円の癒着』」〈『月刊現代』二〇〇七年四月号〉）。

最高裁は一六億円（同誌では、二七億円）もかけて「PRに必死」なのに、「裁判員参加ムードは低調」、「知るほど市民は敬遠」と新聞は報じている。政府が刑事裁判へ市民参加を促すのに、なぜ多額の税金を投じて「世論誘導策」まで必要とするのか理解に苦しむ。

新制度が「絶望的」とまでいわれる刑事裁判に新風を吹き込み、司法民主化の糸口となるのであれば、これは歓迎すべきことだが、市民がそっぽを向くというのは、漠然と何か胡散臭いもの、釈然としないものを感じとっているからではないか。

一般大衆が、裁判員制度に積極的でないのは、このような制度を次世代に残してよいか、不安だからだと思う。不賛成の理由を政府は直視すべきなのに、まじめに考えようとせず、無視の態度をとっている。

裁判員制度の大きな欠点は、三人もの裁判官が同席しては市民裁判員は自由にものが言えないから、裁判官の影響を受けないよう主体的に意見が言えるしっかりした手立てが必要なのに、むしろこれを排除している点にある。評決の方法にも致命的な欠陥があり、無実の被告人が有罪と認定されないための安全弁が必須で、それは刑事裁判の鉄則でもある。

具体的な理由は後で述べることにして、その前に欧米の陪審制度（仏も陪審の変形）について私の体験にふれつつ、先進諸国ではなぜ市民が司法に参加するのか、彼らがどのような役割を果たすのかを考えてみたい。

## 有罪無罪の重大な決定権は陪審の手にある

私が復帰前の沖縄で、米国民政府裁判所の陪審員を務めたのは四三年前、証拠調べに八日、評議に三日のわずか一一日間にすぎない。最初は厄介なものに関わり合ったと感じ、何とか免除してほしいと思った。しかし、公民義務であり、病気で医師の診断書を提出しなければ、それ以外召喚に応じないと収監されるといわれ、あきらめた。

裁判に呼ばれたのに法律を知らないのを懸念する人もいるが、陪審員になるのに法律の知識は必要ないと聞かされて安心した。人を裁くというのではなく、検察が主張する有罪か有罪でないかを判断するだけである。
スコットランドでは、非識字者は陪審員不適格の理由にならないそうだ。向こうの裁判では、証言を聴いて耳から入る心証で本当かどうかを自分なりに、主体的に考え、そして被告人が有罪か否かを判断するからだ。調書など読む必要がない。

陪審員たちは検察・弁護双方の冒頭陳述によって、事件の概要と審理の順序をあらかじめ知ることができる。そして自分たちのなすべき役割について、裁判官から懇切な説示を受ける。

説示を聞いて、まず驚いたのは被告人が有罪か無罪かを決めるのは裁判官ではなく、陪審員だということであった。裁判官は事件に適用される法と、法廷に提出される証拠を許容すべきか否かを決めるだけで、証拠が真実のものかどうか、その主体的な判断、それに基づく有罪・無罪の重大な決定権は陪審の手にある。

どの陪審員にとっても、これは新しい経験で、それまでこのように大きな公権力の行使に携わったことなど一度もない。当然みな緊張する。最初のうちは、被告人たちの顔を見ても、どうもみんな怪しい、新聞には自白したと出ていたし、検察もしっかりした証拠があって起訴したのだろうから、有罪に違いないと単純な先入観、予断にとらわれていたのは事実である。

この時点では、陪審員の方が裁判官より偏見をもっているようにも思われる。

しかし、自分たちが証拠を主体的に判断して、有罪・無罪の重大な決定をしなければならないとなると、陪審員は次第に慎重になってゆく。被告人の運命を左右する文字通り生殺与奪の決定をしなければならないわけだから、検察側が有罪だという証拠をしかと自分の目で確かめよう、同時に弁護側が無罪を主張するなら、その証拠も等しく見逃すまい、と真剣な気持ちになり、裁判の進行を注意深く見守るようになる。他人の裁判に関わることなど嫌だと思っていた気分は、この時点からみな消え去ってゆく。

この間、必要に応じて裁判官の説示がある。ここで重大なのは、裁判官は陪審を指導しても、その機能に「君臨」したり、「さん奪」してはならないことだ。法律について説示できるが、事実については説示できない。陪審の判断に影響を与えることは、一切許されていないのだ。新聞によれば、裁判員制度の模擬裁判で「裁判官の誘導」が問題になったことが報じられていた。

この点、市民の判断をあまり信頼していない日本の裁判官とは大きく異なる。欧米では、裁判における裁判官と陪審員双方の分担がはっきり分かれ、相互の判断を尊重し合う。後日、新潟大学の澤登佳人先生から教えられたのだが、「裁判官は専ら法律の機関たるべきこと、従って事実を確認すべきは裁判官ではなく、陪審員に留保さるべきこと」というのが裁判の原理だという。

## 陪審では、法廷で直接証言を聴いて判断

次に感心したのは、捜査官憲の準備した書類、自白調書や検事調書が任意のものであるか否かの検討が厳しいことだ。任意性に疑いがあれば、証拠とはなり得ない。

ふつう欧米の陪審法廷には、調書は証拠として提出されない。裁判は法廷で直接証言を聴いて、耳から入る心証で判断するのが原則である。わが国でも、警察官や検察官が作った調書は伝聞、いわばまた聞きであり、また本人が任意で行ったものでなければ証拠としてはならない禁止規定（刑事訴訟法三一九条・三二〇条）がある。

フランスでは、陪審員が裁判するのだから、その判断に捜査官憲の影響力が及んではならないという考えから、「権力の影響を絶対に遮断した状態で陪審に判断してもらう」ことが徹底している。予審判事の作った予審調書は絶対に証拠にしてはならず、そんなものを証拠に裁判したからえん罪が多かった、と革命前の王権下の裁判への反省がある。

アメリカのテレビや映画などで、警察官が被疑者を逮捕するとき、

「君は黙っていてもいい権利がある。君が言ったことは、法廷で君の不利益に使われることがある。取り調べを始める前に、弁護士に助言を求める権利があ

り、取り調べの間弁護士に同席してもらう権利がある。弁護士を雇う金銭的余裕がなく、君が望むなら取り調べの前に、国の費用で一人指名することができる。弁護士の同席なしに質問に答えると決めても、いつでも質問に答えることを止めてもよい権利は残される。弁護士と相談するまでは、いつでも答えなくてもよい権利がある」。

というミランダ告知《ウォーニング》を行っている場面をご覧になったことがあるかと思う。

これはアメリカ合衆国最高裁が定立した準則で、尋問の前に被疑者の権利の告知を相手に分かるやさしい言葉で説明しなければならず、捜査官にこれを義務づけ、これに反して得られた供述は証拠とすることが許されない。

被疑者を取り巻く警察や検察の状況は、日本もアメリカも同じだと思う。異なるのは、憲法に規定される人権が実質的に保障されているか否かで、英米ではその点、代用監獄の廃止すら未だできないでいるわが国とは比較にならない。

## 陪審では、自白の任意性・信用性の検討は厳しい

陪審法廷で感心したのは、こうした取り調べの状況が詳しく調べられ、検察・弁護双方の論戦を陪審は目の前で聴かされることだ。そうして自白が任意のものであるか否か、これを証拠として採用するか否かは裁判官であっても、これを肯

定的にみるか否かの主体的判断は陪審の自由であることだ。裁判官は陪審に対する説示で、このことをきちんと教え、後で知ったことだが、その説示は義務化されている。これが陪審制度のもっとも大きな特徴、長所、そして公平な点だと思う。

陪審裁判では、被疑者の身体を拘束、強制して得た自白調書などを検察官は証拠として使うことは許されない。これは刑事訴訟法のうえでわが国の裁判でも同じことだが、裁判官がこれを守らず、あるべき審理をしないだけのこと、まことに嘆かわしい現状だ。その検討が日本の裁判とは違って非常に厳しい。事実を証明するには、直接その事実を見聞きした人を法廷へ呼んで、証言してもらうのが原則である。そして、任意性に疑いのある供述調書を裁判の入口で排除しておくことは、数々のえん罪事件の例を挙げるまでもなく、非常に重要なことだ。

この証拠法則を裁判官がきちんと守っていれば、無実のものが死刑を宣告され、危うく死刑になりかけながら生還した免田、財田川、松山、島田事件のように三四年以上も死の苦しみを与えられることもなく、巨額の裁判費用を使って裁判を延々と続けることもなかったと思う。死刑確定囚が四人も、一〇年ほどの間に無罪となるなど世界でも希有な例だ。

陪審裁判であったら、短期間で無罪を発見していたはずだ。目撃者の証言を聞けば、常識をもつ市民は無実に気がついて、裁判官のように非常識な事実認定はしなかっただろう。

どのようにして得られた自白かよく判らないから、裁判官は陪審員に、自白の任意性に疑いがある場合、証拠にしてはならない旨を説示する。だから、検察官が自白調書を法廷へ提出して、裁判官がこれを証拠として認めても、陪審員が任意性に疑いをもてば、苦労して得た自白が何の役にも立たないということになる。

陪審員は捜査官が作成した記録など読む機会はなく、また読んではならないのだが、裁判長の許を求めて、我々は読む機会を与えられた。そこでは、被告人たちが犯行を認めていた。しかし、被告人たちはいずれも公判廷で犯行を否認しているし、評議の席では自白調書の任意性・信用性が問題になった。

この点は市民の方が裁判官や検察官よりずっと真面目で、真剣だ。自白調書の任意性についても、たんに署名捺印があることから自白は任意にされたものと認めるより、抑留、拘禁中にとられた自白は、任意性に疑いがあると考える。

形式的な捜査官の証言だけで、裁判官が自白には任意性ありと認め、供述調書を証拠採用しても、陪審員の方ではそう簡単には納得しない。私たちは評議の席で、証拠というレッテルがはられた自白調書を再び問題にした。そして、問題にしたのは自白そのものではなく、調書の任意性、証拠としての適格性であった。

「もし、任意性に疑いがあるのなら、それを証拠として見てはならない」。

という裁判官の説示と証拠法則に陪審は忠実である。

暴力団に監禁されて、何か書かされたものを、信用する人がいるだろうか。警察の留置場に入ったことはないけれど、実態を市民は漠然と知っている。そうして得られた自白調書に、無意識のうちに「不任意性を推定」しているのだ。

この点も、法律を知らない市民の方がずっと常識的だと思う。自白調書の任意性の問題を厳格な証拠能力の問題として考える点など、市民の常識はきめ細かく、その点は裁判官より法律的と言える。だから証拠として許容されても、これを証拠とは見ず、他に犯行と被告人を結び付ける証拠があるか、その方を重視するのだ。

こうして陪審は、公判に出される生の証拠を眼前に見て、生の証言を直接聞き、その言葉だけでなく、証人たちの態度から、そこから浮かび上がるものを看て取り、さらには交互尋問の質問と応答との微妙なニュアンス、身振り、態度、その他から、自由な心証を形成して、事実を判断してゆく。裁判官や検察官の対応なども、無意識のうちにその心証のなかに入っていく。

陪審員たちは自白調書を読んだため、最初のうちこそ検察官の主張に偏った評議の展開となり難航したが、結局はこうして自白調書の任意性も信用性も認めず、物証も犯行と被告人を結び付けるものではないと判断、無罪を答申した。

## 陪審では、有罪判断は全員一致が原則

「死刑判決は担当裁判官の全員一致であるべきだ」と袴田事件一審を担当した熊本典道氏が最近、朝日新聞の記者に持論を語った（『朝日新聞』二〇〇七年三月八日付夕刊）。

捜査官が被疑者や参考人から取った調書については、「強制、拷問又は脅迫による自白、不当に長く抑留又は拘禁された後の自白その他任意になされたものでない疑のある自白は、これを証拠とすることができない」（刑事訴訟法三一九条）のだが、裁判官は実務上これを恣意的に証拠として採用し、公判で本人がいくら否認しても無視するので、調書裁判の弊害はいつまで経っても止まない。

連日一〇時間以上も取り調べ、その結果得られた自白調書の任意性に疑いのあるのは当然で、信用性からも疑問をもった熊本元裁判官は無罪判決を起案した。しかし、裁判長ともう一人の裁判官が有罪を主張し、多数決により判決文を書き直させられ、無実と思う被告人を有罪とした悔恨から、さきの持論となった。

しかし、事件は四〇年後の今なお再審開始にも至らない。無罪心証から一転して有罪判決を書いたのは、一般市民には理解できないが、裁判官の世界では珍しくない。

わが国では、重要な刑事事件は三人の裁判官による合議体で行われる。任官

一〇年以上の判事が裁判長、中堅の裁判官が右陪席になり、任官一、二年目の判事補が左陪席という構成だ。そして、通常は左陪席が記録を検討して判決の案を書く。問題は一〇年以上もカリアの差がある三人の裁判官が、対等な立場で合議できるかということだ。裁判官は独立不羈《ふき》、憲法に身分が保障されていても、結局は上の人の言うことに従う。この「ヒラメ」体質が刑事裁判を腐敗させ、無数のえん罪事件を生み、袴田事件は氷山の一角で、最高裁の裁判官統制に原因がある。

先進諸国では、有罪評決は絶対多数が原則だ。被告人を有罪とするには合理的な疑いを超えて立証しなければならず、全員一致は陪審裁判にとって不可欠な制度である。

「刑事事件の評決は、合理的な疑いの排除に基づく」と英国のデヴリン判事は指摘する。「もし三分の一もしくは四分の一の反対者がいるならば、そのこと自体合理的疑いがあることを一般の人に示唆することになる」。

英国が六〇〇年にもわたる全員一致制を近年多数評決制に改正したのは、陪審員が一一人以上の場合、うち一〇人が評決に同意しているときに限られ、公判中に無能力・非行などがわかって一、二人が解任される可能性を考慮した上での数字である。

オーストラリアのクィンズランド州では、多数決制から全員一致制に一九八〇年代に改正している。裁判を一緒に傍聴した大学教授に尋ねたところ、「最初は評決不成立を懸念したが杞憂で、かえって評議が徹底して行われるよい結果を得ました」とのことであった。

フランスの法学者ボアソナードは、「刑事判定は最大の精神的権威をもつべきで、人民自身にその認定を委ねれば、判定に対する人民の尊重信頼が深くなり、民衆に事件を委任したことが民衆の利益につながる」と指摘している。

米国のキャプラン教授は、陪審裁判とはつまるところ、「個人の生命や自由、あるいは名誉を国家が奪う前に、犯した罪とその度合いは、ただ法の専門家の心に明らかにされたというだけでは足りず、市井の凡人、いやむしろ、そういう人たち一二人全員の目に明らかになった場合でなければならない」と説明している。

陪審制度で特筆すべきは、「無罪の評決は絶対的に動かし得ないこと」と教授はその長所を挙げる。「有罪評決は、明らかに不合理であれば破棄できる。陪審が被告人に対する二重の安全弁の役割を果たし、素人の判断を職業裁判官の助けとすることが、長期にわたって刑法の満足のゆく適用を確保し、何よりも手続に対する社会の信頼を支えている理由はこの点にある。極端な場合には、法の名の下に行われる国家権力による人民の迫害に対する障壁ともなり得るだろう」。

名張毒ぶどう酒事件は一審は無罪だったのに、最高裁で死刑が確定、いまだに再審開始を見ないのは、思い半ばにすぎるものがある。

フランスの政治学者トクヴィルは、「陪審は国民性に重大な影響を及ぼし、裁判された者への尊重の念と、権利の理念を普及させる。人々に公平無私を実行するように教える。人々が社会に対して果たすべき義務をもっていること、そして、社会の政治に入り込んでいることを感じさせる。陪審は人々に私事以外のことに専念させるように強いることによって、社会の黴のようなものである個人の自己本位主義と闘う。驚くほど人民の審判力を育成し、その自然的叡知を増大させる。これこそ、陪審の最大の長所であり、陪審は無料の、一人びとりの陪審員が権利について教えられる学校のようなものだ」と陪審の意義を述べ、礼賛している（『アメリカの民主政治（中）』（講談社学術文庫）。

一九七三年、北アイルランドでは不当評決を表向きの理由に陪審法が停止された。わが国でも一九四三年、戦争の激化を理由に陪審法は停止されたままだが、北アイルランドでは相次ぐテロ事件に陪審は有罪がはっきりしないと有罪にしないため無罪率が高く、それで政府は有罪率を高くしたかったのが本当の理由であった。

ところが、これは大変な事態を招いた。当時すでに特別の身体拘束規定が発効していたが、三日だったものが一週間も拘束して自白を追及するのが当たり前になり、自白の任意性についての規定は無視され、有罪の八割までが自白によるものとなって、市民は誰も裁判を信用しなくなった。

さらに市民が驚いたのは、人間の尊厳性を否定する卑劣な拷問、あるいは身体的・心理的強制という捜査方法が、陪審の停止によって惹き起こされたことだ。

無罪の発見は、裁判の大きな目的であるのに、裁判官は有罪を探索して、検事調書に頼るようになったのだ。調書をとるための人権侵害を考えなくなり、調書によって事実を判断する方が楽だからだ。自白がある限り、裁判官は被告人を有罪にできる。裁判官の自由心証主義には、何のルールもない。日本のえん罪事件もほとんど同じ経過をたどっていると言える。

北アイルランドでも陪審を停止したがために、自白追及型の捜査となり、日本と同じように司法の形骸化が目に見えてきて、事態をもとに戻すには、市民が再び司法に参加すること、陪審裁判の復活以外に方法はないという苦い貴重な結論を得た。

もう一つの教訓は、一度陪審裁判を受ける権利が失われれば、その回復は不可能に近く、陪審なき社会には「独裁政治に甘んじる覚悟が必要だ」ということだ。この状況は、わが国の現在に酷似している。民主主義が適正に機能してゆく上で、不可欠な政治制度が陪審制度であり、陪審制度を司法制度とばかり見ずに、政治制度ととらえる理由は、そこにある。

デヴリン判事は「暴君の第一の目的は、自己の意思にまったく従順な議会を作ること、第二の目的は、陪審裁判を廃止、もしくは減少させること」と指摘する。その理由は「いかなる暴君も、主体の自由を一二名の国民の手中に置くことは不可能で、陪審は裁判の機関以上のもの、憲法の車輪以上のもの」であり、「陪審は自由が生きていることを示す灯だ。その灯は、国民が自らの手で点けなければならない」と述べている。

## 裁判員は「抜け殻」の審理に立ち会うだけ

今回の司法制度改革は、この「自由の灯」を国民が自らの手で点けなかったため、官僚主導の設計となり、裁判所にとってまことに都合よい制度となった。えん罪に反省がないため、その病巣である捜査から公判の改正には全然手をつけず、これを独占、隠蔽するためのまやかしが裁判員制度だといえるだろう。

最高裁が巨費を投じて宣伝に努めても、笛吹けども踊らず、国民はそっぽを向いている。市民がまず疑問に思うのは、権威的な裁判官と対等に意見が交わせるかという問題である。裁判官は司法試験に合格し、司法修習を経て最高裁判所によって採用されたエリートだ。裁判は裁判員六人と裁判官三人が行うが、陪審制度との大きな違いは、裁判員が裁判官と協働して事実認定と量刑判断をすることで、陪審制度の場合は陪審員だけで論議し事実認定だけの結論を出す。

まず第一の問題は、参審制度のドイツでも指摘されているように、市民参審員と職業裁判官との間には「深い溝」があり、これを埋めることが困難だという事実だ。権威的な裁判官は法律を知らない裁判員を低く見る傾向があり、主導したり影響を与えたりしないか、その疑問はまっさきに外国の学者が指摘している。

つい先日の朝日新聞（二〇〇七年四月一〇日付朝刊）にも、裁判官の誘導が問題になっていた。模擬裁判で「裁判官と同じ評決に」という裁判官の態度が見え見えで、市民裁判員が疑問を述べても無視されたり、影響されて有罪に入れてしまったというのだ。結局、裁判官三人が有罪、裁判員は有罪二人、無罪四人、五対四の小差で評決が成立してしまった。

昨年来、裁判所・検察庁・弁護士会が共同で模擬裁判員裁判を全国各地で行っており、京都で行われた模擬裁判員裁判の例を引くと、最初は裁判官三人全員が「殺意あり」、裁判員六人全員が「殺意なし」という認定だったのが、最終的には二人の裁判員が「殺意あり」に考えを改め、評議の最終結論は「殺意あり」になっている。

裁判員が考えを改めた事情について、「殺意なし」の理由の大部分が動機の弱さに拠っていたことに気付いた裁判官が、殺意の認定のために客観的要素の重要性を「今までの刑事裁判の経験で」という面を強調して説き、裁判員に対して一人ずつ質問して、それでも期待する反応がないと見て、些細な動機で殺人に至るケースが「経験上ある」こと、果ては「動機なき殺人もありうる」と説き、さらには「怪我させてやろうというつもりであれば、普通どういう行動をとるか」と質問、改説を迫ったというのだ。

こうして裁判官の考え方を押し付けられた場合、法律に素人で実務経験もない裁判員は専門家である裁判官に反論し、自分の考えを主張することは困難だ。裁判官が三人もいて六人の裁判員では、裁判に「市民の感覚」を反映させることが疑問視されても不思議はない。裁判官の官僚的体質、秩序維持的体質を考えると き、この人数比は、裁判員制度のもつ致命的欠陥と言わざるを得ない。

陪審制度では、この危険が回避される。裁判官は評議の席に入ってこないから、陪審員一二人が同じ立場で、自由に論議することができる。

アメリカでは、全州で公判裁判官は法律について説示できるが、事実については説示できない。事実の認定は「国家機関たる職業裁判官ではなく、主権参加者たる人民の代表に外ならない陪審員が、如何なる外的規範にも如何なる他者の意見にも拘束ないし影響されることなく、ただ自己の良心にのみ従って行うべきである」（澤登佳人『刑事陪審と近代証拠法』）というのがその理念である。

## 裁判員制度の評議は不公平だ

さらには「公判前整理手続」で、裁判官と裁判員の情報較差が広がる。裁判員制度を前提として、この手続はすでに始まっている。裁判員の「負担軽減」を目的に連続的開廷が要求され、そのため予め検察と弁護双方が請求する証拠を出し合って、公判前に争点の整理、証拠の申し出、自白調書などの証拠能力を決定、検察官の手持ち証拠開示、審理計画作成を目的とする。

しかし、この手続は裁判員の負担軽減・裁判の迅速化を表向きの理由に、弁護人の弁護活動に大きな障害になる恐れが多く、刑事裁判での被告人の弁護はますます困難になり、えん罪の防止もまた期しがたくなる。

検察側に証拠開示させる仕組みは、全面証拠開示とはいえない。そこで証拠の採否や整理をしてしまい、弁護側が請求しなかった証拠は公判では出せなくなる制約がある。

この手続で決められることが、「刑事裁判の一番大切な山場となり、検察・弁護双方の激しいやりとりが交わされる。その交通整理をするのは裁判官だが、検察側に荷担するのか、弁護人側に荷担するのか、裁判官の姿勢は公平か、この場を見ることは最も重要で、事件に対する結論の大筋が見えてくる」と注意するのは、生田暉雄弁護士である。「裁判官と評議する際は、裁判官のこの姿勢を知った上で評議することが是非とも必要だ。裁判員はこのような重要な公判前整理手続終了後に選任されるので、その内容が裁判所の調書に記載されているのを後日知らされるだけで、裁判の一番大切なエッセンスや裁判官の姿勢を知らないで裁判に参加することになる」。

いわば「抜け殻」の審理に立ち会うだけで、裁判の結論を左右する重大な裁判の場面には参加させてもらえず、それらを裁判官は知っており、裁判員は知らない。

「この情報較差の一事をとっても」生田氏はさらに指摘する、「裁判員は裁判官とまともな議論ができないことは明白――このことは、裁判員に大したことは期待していない証拠ではないか」。

市民が裁判に参加しても、これでは対等な評議は到底望めず、スタートラインから国側は百メートルも先に立って、市民側はずっと後ろから競走するようなものだ。

評議の仕方も公平ではなく、大きな問題である。単純多数決による規定だが、その多数意見には、裁判官と裁判員それぞれ一人以上の賛成が必要とされている。被告人が有罪か否か、裁判員五人が「無罪」とし、裁判員一人と裁判官三人が「有罪」とした場合、無罪が多数意見だが、裁判官一人が入っていないから成立しない。そうするためには、裁判官一人を無罪側に引っ張らなければならないが、裁判官が裁判員側に一人加わることなどまずあり得ないことは、先に述べた「袴田事件」の例を見ても明らかだ。能本典道元裁判官でさえ評議では他の二人の裁判官に結局同調して死刑判決を書いた。

一方、裁判官にとっては、六人の裁判員が無罪を主張しても、うまく誘導して有罪側に取り込むことは容易だ。

捜査・公判を改めるどころか、官僚はこれを独占し、それを隠すためのまやかしが裁判員制度なのである。最高裁がいくら笛を吹いても、国民が踊らないのは、背後にある狡猾な目論みを看取しているからだと思う。

安倍総理のいう「美しい国」造りは、まず基本的人権を保障する刑事司法に改めることが先決であり、陪審制度の復活実現により独裁政治に終止符を打ち、民主主義の原点に立ち戻ることだと思う。

**本書執筆者一覧（五十音順）**

生田　暉雄（いくた・てるお）元大阪高等裁判所裁判官・弁護士
伊佐　千尋（いさ・ちひろ）作家
石田文之祐（いしだ・ぶんのすけ）元医療法人理事長・医師
石松　竹雄（いしまつ・たけお）元大阪高等裁判所裁判官・弁護士
樺島　正法（かばしま・まさのり）陪審制度を復活する会事務局長・弁護士
木村　壮（きむら・そう）元埼玉弁護士会会長・弁護士
土屋　公献（つちや・こうけん）元日本弁護士連合会会長・弁護士

---

えん罪《ざい》を生《う》む裁判員制度《さいばんいんせいど》　陪審裁判の復活に向けて

2007年8月10日　第1版第1刷
2008年7月30日　第1版第3刷

編著者　石松竹雄・土屋公献・伊佐千尋
発行人　成澤壽信
発行所　株式会社現代人文社
〒160-0004　東京都新宿区四谷2-10 ハツ橋ビル7階
振替　00130-3-52366　電話　03-5379-0307（代表）　FAX 03-5379-5388
E-Mail　henshu@genjin.jp（代表）／hanbai@genjin.jp（販売）　Web http://www.genjin.jp
発売所　株式会社大学図書
印刷所　精文堂印刷株式会社
ブックデザイン　Malpu Design（長谷川有香）
カバーイラスト　ネモト円筆

検印省略　PRINTED IN JAPAN
ISBN978-4-87798-343-7 C0036
©2007　T.Ishimatu, K.Tsuchiya & T.Isa

本書の一部あるいは全部を無断で複写・転載・転訳載などをすること、または磁気媒体等に入力することは、法律で認められた場合を除き、著作者および出版者の権利の侵害となりますので、これらの行為をする場合には、あらかじめ小社また編集者宛に承諾を求めてください。